HISTOIRE CULTURELLE
sous la direction de Martin Aurell
18

Les Conduites transgressives des rois grecs

Roland Étienne

Les Conduites transgressives des rois grecs

PARIS
CLASSIQUES GARNIER
2022

Roland Étienne, ancien directeur de l'École française d'Athènes et professeur émérite d'archéologie grecque à l'université Paris 1 Panthéon-Sorbonne, a mené une double carrière d'archéologue et d'historien. Ses recherches concernent l'architecture, l'épigraphie et la numismatique des Cyclades, et l'historiographie de l'Antiquité. Il a coédité *Anabase et Helléniques* de Xénophon et publié *Le Sanctuaire d'Apollon à Délos*.

ISBN 978-2-406-12237-1 (livre broché)
ISBN 978-2-406-12238-8 (livre relié)
ISSN 2430-5928

Mon intérêt pour les rois hellénistiques remonte à un Mémoire pour le diplôme d'études supérieures que j'ai écrit sous la direction de Roland Martin et qui concernait *Les palais grecs à l'époque classique et hellénistique* (1966-1967). Depuis j'ai butiné, en lisant ce qui paraissait sur ce sujet, mais je n'ai pas écrit de synthèse, car I. Nielsen avait publié sur ce thème[1] un bon livre en 1994 qui réunissait le matériel disponible. Depuis, ce matériel s'est accru (*cf.* par exemple les fouilles de Vergina d'A. Kottaridi, ou la publication d'Iraq al-Amīr en Jordanie par E. Will et F. Larché) et les perspectives ont changé. L'approche des phénomènes – royauté et cour – n'est plus strictement archéologique ou littéraire, mais s'est orientée vers une anthropologie qui a renouvelé les problématiques : rapport entre une architecture palatiale et un type d'organisation monarchique, rôle du banquet, formes du luxe...Ce sont des sujets que j'ai abordés à l'occasion d'articles ou de comptes-rendus, que j'ai mis à jour et ordonnés ci-dessous selon quelques thèmes pour leur restituer une cohérence. Cette mise en forme donne une image de ce qui s'est écrit sur le domaine royal dans le dernier quart de siècle, enrichie de mes propres façons de faire. Il s'agit pour moi d'utiliser tous les matériaux, textes, images et matériel archéologique pour faire de l'histoire.

1 Nielsen 1994.

HISTORIOGRAPHIE

Ce ne sont pas les études sur les rois hellénistiques qui manquent, que ce soit sous une forme monographique, comme l'Antiochos III de J. Ma, ou incluses dans des approches plus larges concernant les formes du pouvoir[1]. Il n'est guère possible de faire une synthèse, et nous nous contenterons d'indiquer les axes de recherche qui nous ont paru les plus intéressants.

J'ai été fort séduit par la notion de « politique culturelle » telle que la définit J. Schalles en 1985 dans une étude sur Pergame :

> Les élites politiques (*Machtelite*) qui se constituaient à l'époque hellénistique autour d'une figure centrale – en d'autres termes : la cour avec un roi à sa tête, mais aussi le prince client et son entourage – furent, dès leur constitution, dans une situation qui était déterminée par l'existence tant d'autres élites du même type que par des formes sociales prémonarchiques. À côté de l'affirmation (*Behauptung*) de leur pouvoir (*Herrschaft*) par une politique de force, ces élites avaient besoin de médiatiser leur conception et leurs convictions (dans le souci de faire accepter ces idées et ces convictions par des tiers) et de légitimer leur pouvoir à l'intérieur et à l'extérieur[2].

Cette définition fait référence à des concepts, comme celui de légitimité, qui appartiennent au domaine de la pensée weberienne. H. J. Schalles se range, à côté de P. Zanker et de Chr. Meyer, dans ce courant de l'historiographie allemande qui a essayé de décloisonner l'étude de l'Antiquité en traitant à égalité l'ensemble des matériaux – textes et realia – et en mettant au centre de la recherche les processus sociaux. Le

---

1 MA 2004 et 2004 A, p. 262 où l'auteur définit sa façon de concevoir la monarchie hellénistique. Il se réfère aux travaux de J.-M. Bertrand « qui a repensé le phénomène du pouvoir royal comme discours (1990) ; la théorie de l'acte de parole nous aide à comprendre comment le royaume existait d'abord comme déclaration royale. » et à ceux de P. Briant 1996 dont il tire : « le paradigme achéménide est un facteur déterminant dans la généalogie de la royauté hellénistique… ». J'ai montré que la cour des Argéades était un modèle tout aussi important, *cf.* aussi ci-dessous, p. 18, 59-61, 73-74, 128.

2 Schalles 1985, p. 1-2.

processus culturel désigne cet ensemble de principes, idées ou habitudes, conscients ou inconscients, qui rendent compte des créations matérielles, des images, mais aussi des conduites et des rituels qui peuvent leur être liés.

La chance veut qu'à Pergame on dispose de beaucoup d'éléments pour décrire ce processus de fabrication d'une idéologie royale dans son triple souci de s'insérer dans la tradition hellénique, de se distinguer socialement comme internationalement et de légitimer son pouvoir à l'intérieur et à l'extérieur.

Dix ans après l'essai de Schalles paraissaient trois livres prenant en compte les aspects archéologiques de la royauté : la synthèse de I. Nielsen, le colloque organisé par I Nielsen, paru en 2001 et le symposion de Berlin, paru en 1996 sous le titre de *Basileia*[3]. La notion de palais occupe une position centrale dans l'idéologie monarchique, et la construction d'une résidence royale compte parmi les manifestations symboliques qui accompagnent l'installation des dynasties grecques. Expression des nouvelles formes du pouvoir, le palais est, pour la période hellénistique, ce que l'agora est pour la période archaïque et classique.

On se réjouit donc de disposer maintenant sur le sujet de livres de référence qui rassemblent la documentation et constituent souvent de bonnes mises au point sur les différents aspects des résidences royales ou de l'idéologie qui les sous-tend.

Les études se sont orientées ensuite dans deux directions : la « table » du roi et la notion de cour, mettant à contribution les méthodes de l'anthropologie et des sciences du langage.

Ainsi les études sur « la cour » ont connu un nouvel élan au début de ce siècle, après une disparition dans les années 1970. Ces études qui se sont multipliées font presque toutes référence à Norbert Elias comme parrainage[4]. Mais ce dernier se servait pour définir la 'cour' du système français d'Ancien régime ; or celui-ci ne s'applique pas aux monarchies de l'Antiquité qui ne connaissent ni l'absolutisme louis-quatorzien, ni des rapports de sujétion « versaillais » entre le monarque et la cour. Le livre « The Hellenistic court », qui est développé à partir de conférences tenues à Édinbourg en février 2011[5], met l'accent sur les différents

3 Hoepfner, Brands, 1996 ; Nielsen, 1999, 2001.

4 Elias 1983 et les remarques sur l'œuvre de Norbert Elias dans Erskine *et alii* 2017, « Introduction », p. XV-XXX.

5 Erskine, Llewellyn-Jones, Wallace, 2017.

modèles comme la cour des Tudor (mais fait aussi allusion aux cours musulmanes de l'Orient qui ne respectaient pas la monogamie) et a l'ambition d'ouvrir très largement la recherche aux monarchies, grandes ou petites du Bassin méditerranéen. Les contributions de ce volume examinent le rôle des institutions dans le milieu des différentes sociétés du Bassin méditerranéen, qui malgré leurs différences ont beaucoup en commun, ce qui justifie le titre « The Hellenistic court », laissant entendre qu'il y a là un modèle général, du moins que les similitudes l'emportent.

Sur le banquet royal, on ne manque pas d'études qui ont abordé le sujet soit directement, soit marginalement en traitant de différentes figures royales. Bien plus, assez récemment, l'Allemand Konrad Vössing, en 2004[6], a consacré à ce thème 180 pages fort bien documentées ; il a réuni avec soin les textes, mais son approche du sujet est celle d'un philologue et d'un historien classique et n'éclaire pas d'une façon nouvelle des histoires de banquet qui ont défrayé la chronique et se situent hors des normes de la bienséance antique. Sont venus s'y ajouter les actes de deux colloques qui enrichissent certains aspects du sujet[7] et ébranlent en tout cas l'idée reçue du rôle prépondérant des Achéménides dans la construction de la royauté hellénistique[8]. Nous nous rangeons dans ce courant « révisionniste », comme le lecteur le découvrira ci-dessous.

6 Vössing, 2004.

7 Grandjean, Hugoniot, Lion 2013 ; Esposito 2015.

8 *Cf.* ci-dessus, n. 1 ; Vössing 2013, p. 231-260 montre que même la *proskynèse* est repensée par Alexandre ; de son côté Capdetrey 2013, p. 173-198 a montré les différences entre le banquet achéménide et le banquet hellénistique : « en renonçant pour l'essentiel à la pratique complexe, institutionnalisée et ritualisée de la table du roi, les rois hellénistiques s'affranchirent aussi d'un lien singulier avec le territoire dominé ».

BIBLIOGRAPHIE

Bertrand Jean-Marie, 1990, « Formes de discours politiques : décrets des cités grecques et correspondance des rois hellénistiques », dans Nicolet Claude (dir.), *Du pouvoir dans l'Antiquité : mots et réalités*, Genève, Droz, p. 101-115.

Briant Pierre, 1996, *Histoire de l'Empire perse de Cyrus à Alexandre*, Paris, Fayard.

Capdetrey Laurent, « La "table du roi" : une institution hellénistique ? », dans Catherine Grandjean, Christophe Hugoniot et Brigitte Lion, 2013, *Le Banquet du monarque dans le monde antique*, Rennes – Tours, Presses universitaires de Rennes – Presses universitaires François-Rabelais, p. 173-198.

Erskine Andrew, Llewellyn-Jones Lloyd et Wallace Shane (ed.), 2017, *The Hellenistic Court, Monarchic Power and Elite Society from Alexander to Cleopatra*, The classical Press of Wales.

Esposito Arianna (dir.), 2015, *Autour du « banquet », Modèles de consommation et usages sociaux*, Dijon, Éditions universitaires de Dijon.

Étienne Roland c.r. de Hoepfner Wolfram et Brands Gunnar (ed.), 1996 ; Nielsen Inge, 1994 et 1997, p. 137-161 dans *Topoi* 8 (1998), p. 347-355.

Grandjean Catherine, Hugoniot Christophe et Lion Brigitte, 2013, *Le Banquet du monarque dans le monde antique*, Rennes – Tours, Presses universitaires de Rennes – Presses universitaires François-Rabelais.

Hoepfner Wolfram et Brands Gunnar (ed.), 1996, *Basileia. Die Paläste der hellenistischen Könige. Internationales Symposion in Berlin 1992*, Mainz.

Ma John, 2004, *Antiochos III et les cités de l'Asie mineure occidentale* (original en anglais 1999).

Ma John, « Les rois », dans Erskine Andrew (dir.), 2004, *Le Monde hellénistique, Espaces, sociétés, cultures 323-31 av. J.-C.*, Presses universitaires de Rennes, p. 241-263.

Nicolet Claude (dir.), 1990, *Du pouvoir dans l'Antiquité : mots et réalités*, Genève, Droz.

Nielsen Inge, 1997, « Royal Palaces and Type of Monarchy : do the Hellenistic Palaces reflect the Status of the King ? », *Hephaistos* 15, p. 137-161.

Nielsen Inge, 1999, *Hellenistic Palaces, Tradition and Renewal*[2], Aarhus.

Nielsen Inge (ed.), 2001, *The Royal Palace Institution in the First Millenium BC, Monographs of the Danish Institute at Athens* 4.

Savalli-Lestrade Ivana et Cogitore Isabelle (dir.), 2010, *Des rois au prince, Pratiques du pouvoir monarchique dans l'Orient hellénistique et romain (IVe s. av. J.-C.-IIe s. ap. J.-C.)*, Grenoble.

Schalles Hans Joachim, 1985, *Untersuchungen zur Kulturpolitik der pergamenischen Herrscher im dritten Jahrhundert vor Christus, Istanbuler Forschungen* 36.

Vössing Konrad, 2004, *Mensa Regia, Das Bankett beim hellenistischen König und beim römischen Kaiser*, Leipzig.

Vössing Konrad, « Alexandre au banquet entre amis et sujets : la proskynèse », dans Catherine Grandjean, Christophe Hugoniot et Brigitte Lion, 2013, *Le Banquet du monarque dans le monde antique*, Rennes – Tours, Presses universitaires de Rennes – Presses universitaires François-Rabelais, p. 231-260.

LE ROI EN SON PALAIS[1]

FIG. 1 – Vue sur la plaine de Macédoine depuis le palais d'Aigai-Vergina.

1 Fig. 1

À PROPOS DES *HELLENISTIC PALACES* DE I. NIELSEN (IN)[2]

La synthèse d'I. Nielsen sur les *Hellenistic palaces*, doublée d'un colloque qu'elle avait elle-même organisé, laisserait supposer qu'il n'y a plus grand chose à dire sur les palais. Certes, depuis ces deux publications la bibliographie s'est quelque peu enrichie, mais pas dans des proportions telles, qu'elle justifierait une nouvelle synthèse. Toutefois l'approche de I. N. n'est pas tout à fait la mienne, et je regrette notamment que le décor palatial et les objets de prestige que détenaient les rois aient été par trop négligés.

C'est en effet une vision très strictement architecturale et descriptive que propose IN, soutenue par quelques grands principes que je remettrai en question.

Par ailleurs, la recension des « palais hellénistiques » est tout à fait satisfaisante et va même au-delà de ce que laisse entendre le titre, puisque la recherche couvre non seulement les palais des gouverneurs – pourquoi pas –, mais aussi les maisons « aristocratiques », ce qui est plus discutable, car une résidence royale a ses spécificités fonctionnelles qui ne sont pas celles des maisons de riches. En tout cas la recension s'étend jusqu'à l'époque archaïque, pour y chercher des « modèles », ce qui ne se justifie peut-être pas, ou très marginalement. On saura cependant gré à l'auteur d'avoir étendu son enquête jusqu'à Rome, tout au moins jusqu'au Palatin augustéen, héritier des pratiques architecturales hellénistiques.

Je reste pourtant sceptique sur la possibilité de traduire l'évolution d'une architecture en termes de transformations idéologiques en l'absence de texte pour justifier ces modifications. C'est par exemple ce que tente IN en faisant de l'agrandissement des palais de Pella sous Philippe V le signe d'une orientalisation de la monarchie macédonienne. Les preuves devraient en être administrées et l'attitude de Philippe V à Sicyone, se présentant devant l'assemblée et réussissant avec l'appui des deux Aratos à obtenir tout ce dont il avait besoin, montre qu'il respectait la procédure normale[3]. Je doute qu'un roi « oriental » aurait accepté d'en passer

2 Nielsen 1997, 1999, 2001.
3 Polybe V, 1 en 218.

par de telles règles civiques pour parvenir à ses fins. Nous reviendrons sur le palais comme lieu de contact entre le souverain et ses « sujets[4] ».

Toutefois il est indubitable que la Macédoine a révolutionné l'architecture grecque, en rompant avec la conception fermée de la maison grecque traditionnelle. On doit certainement à des architectes originaux le souci de se démarquer en construisant pour les Antigonides les palais d'Aigai et de Pella : la révolution concerna les conceptions d'ensemble – notamment les façades monumentales –, mais aussi le traitement des ordres, en utilisant les demi-colonnes ioniques accolées à un pilier, dont ils firent une signature au point de les utiliser à Délos, dans un monument à deux colonnes et dans la salle agrandissant le portique de Philippe, comme si le nom du roi sur l'architrave ne suffisait apparemment pas à faire reconnaître le portique comme une œuvre des Macédoniens[5].

FIG. 2 – Portique de Philippe, piliers, chapitaux
[R. Vallois, *Le portique de Philippe*, *EAD* VII 1 (1923), fig. 35, 37].

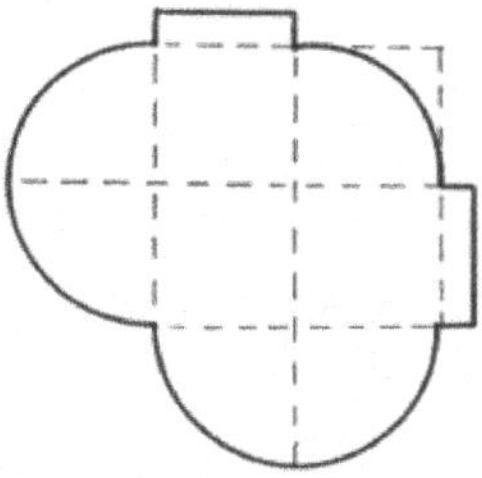

FIG. 3 – Pilier à deux demi-colonnes conjointes,
deux pilastres et un quart de colonne
(Démétrias, Palais, V. Milojcic, D. Théocharis, *Demetrias* I [1976]).

4 Ci-dessous, p. 45.

5 Vallois 1923, p. 90-93, Pl. XI (salle 3C) ; Herbin 2020, p. 150-151. On leur doit aussi l'utilisation de colonnes accolées à l'angle interne d'un portique : *cf.* Marzolff 1996, p. 148-163, dessin de la colonne, p. 160 Abb. 16 ; Fig. 2, 3.

Je ne suis pas sûr que les Grecs aient partagé l'enthousiasme pour la Perse qu'IN semble supposer. Certes l'Odéon de Périclès aurait eu comme modèle la tente de Xerxès et on a supposé des liens entre l'architecture des palais achéménides et les Propylées[6] : mais est-ce une question d'admiration ou une attitude orgueilleuse consistant pour le vainqueur à dupliquer les bâtiments de prestige du vaincu ? En fait il est clair que la recherche de la différence était tout aussi importante que le souci d'imitation. La très belle scène de la rencontre entre le satrape Pharnabaze et Agésilas, rapportée par Xénophon[7], marque nettement les distances entre le comportement d'un Grec et d'un Perse. Au luxe affiché par le représentant du Grand roi, assis sur des tapis précieux, répond la volonté de simplicité du roi de Sparte ayant choisi de s'assoir à même le sol. Qu'il ne s'agisse que de « postures » ne change rien à l'affaire. La recherche de la différence me semble tout aussi importante que la volonté d'imiter. Les palais macédoniens, comme on le verra, sont bien loin des créations achéménides. Même si le livre d'A. Kuhrt et A. Sherwin-White a marqué un tournant heureux dans l'historiographie et rendu sa place à l'Orient dans le développement de la civilisation hellénistique[8], il ne s'agit pas de remplacer le modèle 'hellénocentré' par un pan-orientalisme comme IN a tendance à le faire[9]. On ne niera donc pas le rôle de l'Orient, mais il faut le mettre à sa juste place, dans l'espace et dans le temps.

Nous compléterons dans un premier temps la recension des palais, telle qu'elle figure dans les *Hellenistic palaces*, avant d'analyser les traits spécifiques de l'architecture palatiale et de poser la question des rapports entre architecture et idéologie royale, mettant l'accent sur la façon dont le roi utilisait sa demeure. Il s'agit de mettre en valeur tant les sources de la propagande que l'attitude des souverains, disons le vécu du roi en son palais.

---

6 *Cf.* Étienne 2004, p. 83 et 85.

7 Xénophon, *Helléniques* IV 1, 29-31.

8 Kuhrt, Sherwin-White 1987 ; Sherwin-White, Kuhrt, 1993.

9 *Cf.* Nielsen 1999, p. 10 : "Increasing interest in the role of the Persian and others Oriental cultures in the creation of the Hellenistic culture, i.e. the 'orientalistic' viewpont, also makes a new treatment of the royal palaces, in particular, imperative". La synthèse de Le Bohec-Bouhet 1997 sur "Les monarchies hellénistiques", p. 53-82 échappe à cette critique.

À PROPOS DE QUELQUES PALAIS

Il ne servirait à rien de reprendre le corpus de IN, tout à fait complet dans l'espace et dans le temps, mais ce livre a maintenant plus de vingt ans, ce qui nous conduit à faire état de quelques nouveautés architecturales et de nouvelles approches en suivant un ordre de présentation géographique d'Ouest en Est, et en ne reprenant que les monuments remontant au IVe s.

EXTRÊME OCCIDENT

Maroc, Lixus, Juba II

C. Aranegui, H. Hassini (eds.), Lixus-3, *Área suroeste del sector monumental (Cámaras Montalbán) 2005-2009*, Valencia (2010), c.r. E. Papi « Châteaux en Espagne ? Lixus 3 et le palais de Juba II », *JRA* 26 (2013), p. 800-807, et particulièrement p. 804 ; réponse à E. Papi, C. Aranegui, *JRA* 2015, p. 962-964, qui conteste les critiques[10].

Espagne, Palais non identifié du roi buveur de bière

À propos du texte de Polybe, Athénée I 28, 18 = Polybe XXXIV 9, 14-15 : « La maison la plus splendide était celle de Ménélas. Polybe suppose qu'elle était comparable, en ce qui concerne la splendeur de sa table, à la demeure d'un certain roi Ibère. Il raconte que ce roi avait fait en sorte d'égaler les Phéaciens dans leur manière de présenter les mets, hormis le fait que les cratères placés au milieu de la demeure contenaient de la bière d'orge, bien qu'ils fussent d'argent et d'or ». On consultera P. Moret, *Des noms à la carte : figures antiques de l'Ibérie et de la Gaule*, Séville (2017), p. 194-197 considère qu'il s'agit d'une moquerie à l'égard d'un Ibère reprenant les coutumes des rois hellénistiques.

10 Je signale que Ph. Leveau pense avoir identifié les vestiges d'un palais de Juba II à Cherchell (communication personnelle).

Palais d'Hasdrubal

Le site de Carthagène est décrit par Polybe (X 10, 7-10) qui fait mention du palais d'Hasdrubal : « [la colline] porte un palais somptueux construit, dit-on, par Hasdrubal, qui aspirait à exercer un pouvoir royal ». On dispose maintenant d'une synthèse sur les restes archéologiques correspondant à cette colline : I. NEGUERUELA MARTINEZ, *El 'magnífico palacio' de Asdrúbal en Cartagena* (Cerro del Molinete), Madrid (2015) ou *Idem*, « Apparition d'un urbanisme rupestre monumental sur les collines de Carthagène et sa relation avec la capitale ibérique d'Hasdrubal Barca », dans A. FERJAOUI, T. REDISSI (eds.), *La vie, la mort et la religion dans l'univers phénicien et punique*, Tunis (2019), p. 621-671. L'interprétation des restes au sol est très habile, sinon même virtuose, mais les restitutions dépassent de beaucoup les données[11].

SICILE

Le bateau de Hiéron II (Athénée, Deipnosophistes, *207c-208b)*

J'ignore pourquoi IN a négligé ce bateau qui donne une des images les plus précises d'une demeure royale[12], alors qu'elle a exploité le texte concernant la thalamège de Ptolémée IV[13].

---

11 Je remercie mes amis Pierre Moret et Pierre Rouillard à qui je dois bibliographie et remarques sur les châteaux en Espagne. P. Moret me signale un palais que je n'ai pas inclus dans ce tableau car il s'agit d'un site en cours de fouilles : « ...un site récemment découvert et en cours de fouille, exceptionnel dans le contexte espagnol : daté du Ve siècle, c'est très certainement un palais, le tell est si bien conservé que le premier étage est partiellement en place et a été fouillé. Dernière découverte, la base et les deux pieds d'une statue en marbre, apparemment grec ! Le nom du site : El Turuñuelo (Guareña, Badajoz), c'est en Extrémadure ».Voici un lien : https://www.researchgate.net/publication/338041598_Un_espacio_para_el_sacrificio_el_patio_del_yacimiento_tartesico_de_Casas_del_Turunuelo_Guarena_Badajoz et dans la presse : https://www.abc.es/cultura/abci-edificio-incendiado-donde-tartesios-sacrificaron-52-caballos-premio-nacional-arqueologia-201811100300_noticia.html?ref=https:%2F%2Fwww.google.com.ec%2F https://elpais.com/cultura/2017/04/16/actualidad/1492335613_283119.html. Voir aussi : J. Urbanus, « A sanctuary Final Farewell, Excavations at casas del Turuňuelo tell a tale of ritual destruction in the mythical land of Tartessos », *Archaeology*, 2018, p. 38-41.

12 Étienne[3] 2014, p. 268-269.

13 Sur le bateau, Thompson DJ. 2013 et Étienne 2015, deux articles qui ont été écrits indépendamment. Remarque de Thompson, p. 186 : « No less than horses, ceremonial craft were prized possessions of kings both at home and abroad. » et p. 187 : « These large ships of the early third century BC were built not just for display : they also served as flagship for the king in major battles. »

Signalons les notations les plus saillantes :

- tout d'abord on connaît son architecte, le célèbre Archimède. Il s'agit d'une commande originale et démesurée, vers 240 av. J.-C., puisque le bateau n'était reçu dans aucun port à cause de ses dimensions et finit sa carrière à Alexandrie. Le gigantisme engendré par une concurrence entre souverains est un trait de cette civilisation royale hellénistique. On aura du mal à lui trouver un modèle. On retiendra le rôle d'un maître d'ouvrage, technicien de génie, vivant à la cour du roi.
- Soulignons les passages qui nous renseignent sur ce que nous devons attendre dans un palais, en suivant le texte. Sur le pont du milieu, se tenait la garde, simples soldats et officiers qui disposaient dans leur quartier de chambres, d'un salon et d'une cuisine. Les sols étaient décorés de mosaïques avec des scènes de l'Iliade. Cette référence à la culture homérique même dans le quartier militaire montre le souci du roi de marquer ses liens avec la Grèce.
- C'est ce même souci qui explique la présence d'un gymnase sur le pont supérieur. Nous aurons l'occasion de revenir sur les jardins dont l'arrosage donne lieu à un développement précis.
- L'Aphrodision introduit la religion dans la demeure royale ; les sols étaient faits « d'agate et de toutes les plus belles pierres », et des essences diverses constituaient les murs et le plafond[14]. Les services pour la boisson renvoient au vaisselier qui exposaient les services précieux, comme le montre la fresque d'Hagios Athanasios (Fig. 4)[15]. Notons la présence de statues qui manquent malheureusement dans les palais que nous connaissons par l'archéologie (à l'exception de celui de Nysa[16]).
- Le clou de ces aménagements consistait dans un *scholastérion* (salle d'étude), fait de buis, qui comportait une bibliothèque. La salle était couverte d'une voute étoilée qui n'est pas sans rappeler le vêtement que Démétrios Poliorcète avait fait confectionner au début du siècle. Mais l'horloge solaire était sûrement une création technique de pointe, conçue par Archimède selon les connaissances astronomiques

14 Remarquons que les cloisons sont faites de bois odoriférant (207e θυόν), ce qui est en rapport avec ce que nous disons ci-dessous des rapports entre les rois et les parfums (p. 67-68, 94).

15 Tsimbidou-Avloniti 2006, p. 325 et Pl. 63, fig. 2. On trouvera une meilleure illustration sur le web s. v. Aghios Athanasios.

16 Invernizzi 2001, p. 295-312.

de son temps[17]. On sait que depuis Alexandre les tentes royales à la façon des Achéménides étaient couvertes d'un dôme en forme de ciel. En choisissant un thème astral pour couvrir son plafond Hiéron II créait un environnement propre à une personne royale.
– Le vivier à poissons a-t-il servi de modèles à ce type d'aménagement dans les grandes *villae* romaines[18] ? Les mentions sur l'équipement technique méritent d'être soulignées, car elles ont été rarement révélées par l'archéologie (réserves à bois, fours, cuisines, moulins). La présence d'écuries peut être liée au corps de garde, à moins que les chevaux ne soient destinés à Hiéron II et à sa suite. À ma connaissance, il n'en est fait mention nulle part. Avec tous ces aménagements la Syracusaine aurait jaugé 2000 tonneaux, soit dix fois plus que les gros bateaux de l'époque.

Il n'y a guère que les Atalantes qui ramènent à la Sicile et qui, selon toute vraisemblance, imitaient le décor en pierre du temple de Zeus à Agrigente, œuvre gigantesque commémorant la victoire de 480 av. J.-C. sur les Carthaginois. La rareté de ce type de décor en dehors de la Sicile le laisserait entendre.

FIG. 4 – Vaisselier figuré sur la tombe d'Aghios Athanasios (web. *s. v.* Aghios Athanasios).

17 Sur le mécanisme d'Anticythère *cf.* Kaltsas, Vlachogianni, Bougia 2012.
18 Sur les viviers, *cf. Brill's New Pauly*, s. v. piscina ; Zarmakoupi 2013, p. 151-152 sur les viviers des palais du Palatin.

Palais d'Agathocle

Agathocle fut châtié pour avoir voulu rivaliser avec la demeure des dieux ; sa demeure représentait un acte d'*hybris* que les dieux punirent en la foudroyant. Qu'avait-elle de bien étonnant ? Diodore nous dit qu'elle dépassait les autres par les dimensions et les aménagements[19]. Elle comptait 60 lits de banquet, mais cela semble peu par comparaison avec les tentes royales[20]. Pourtant rappelons qu'une loi d'époque augustéenne trouvée en Espagne interdisait à un candidat aux charges municipales de disposer d'une salle d'apparat de plus de neuf lits, sinon il pouvait être attaqué pour brigue[21].

GRÈCE

Érétrie

Des publications récentes, comme celles des belles maisons d'Érétrie, ont relancé le débat sur un certain nombre de traits propres à l'architecture domestique de prestige et soulèvent la question de la qualité des occupants, simples citoyens riches ou familles liées aux tyrans que l'on connaît par les textes[22].

Nous pensons que les doutes que l'on peut avoir sur les maisons d'Érétrie – qui pourraient relever d'une architecture et privée et, en partie, publique – ne sont pas de mise en Macédoine où nous détenons des critères, me semble-t-il assez clairs, permettant de différencier le palais des maisons de simples particuliers, fussent-ils les 'milliardaires' du temps.

Macédoine

– Architecture

Pandermalis 1976, p. 387-395 ; Ginouvès, Guimier-Sorbets 1994 ; Étienne 2002, 2006.

A. Kottaridi a continué les fouilles dans le palais de Vergina-Agai dont les résultats sont synthétisés dans Kottaridi 2011, p. 297-333 Fig. 5, 5a.

19 Diodore 16, 83.
20 Ci-dessous, p. 83-84, 87.
21 d'Ors 1953, p. 276-278 ; *C.I.L.*, 5439 = *I.L.S.*, 6087.
22 Ducrey *et alii* 1993, p. 39-40 et 179-180, reprenant une suggestion de Knoepfler 1991, p. 195 et n. 64.

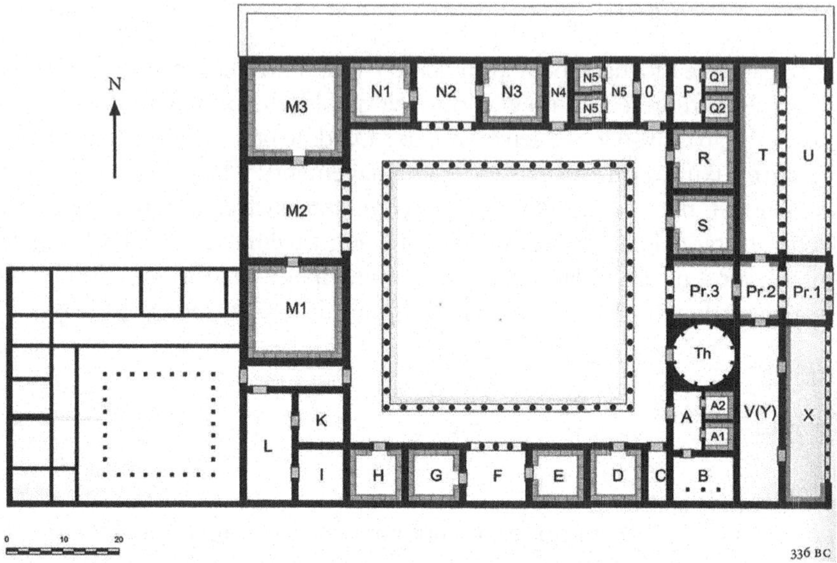

FIG. 5 – Plan du palais de Vergina-Aigai (Kottaridi 2011).

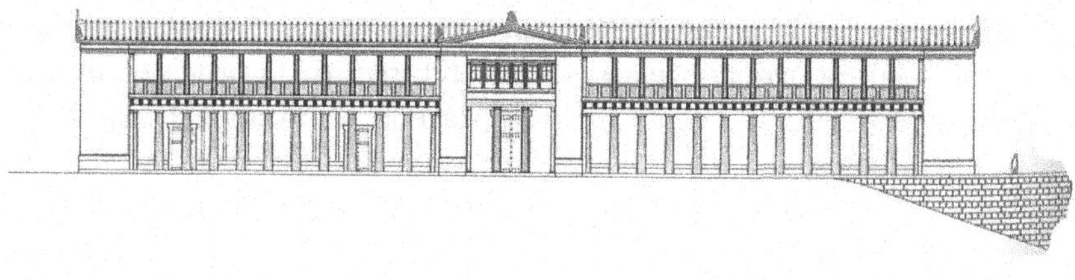

FIG. 5a – Restitution de la façade du palais de Vergina-Aigai (Kottaridi 2011).

Il ressort de cet article un certain nombre de précisions et de nouveautés. Sur critères architecturaux, le palais est daté de la deuxième moitié du IVe s. et la construction en est attribuée à Philippe II. L'auteur montre que la construction de l'Ouest fait partie du même programme, alors que le long couloir qui unit les deux bâtiments à cour serait plus tardif. La façade n'est pas homogène puisque le portique au Sud (X) est séparé de la pièce V(Y) à l'arrière par un mur alors que, au Nord, le portique U communique avec la pièce T par une colonnade faite de piliers à deux faces. A. Kottaridi révèle des traces sur le mur de fond de X où elle restitue des panneaux qui pourraient porter des tableaux ou des décisions royales (?).

À l'étage, des demi-colonnes, avec des fausses fenêtres sur le corps central, complétaient le dispositif tout à fait original et grandiose.

D'un point de vue des fonctionnalités deux remarques intéressantes : les pièces M à l'Ouest, obéissant à un schéma tripartite, sont considérées comme les salles du trône. On avait plutôt l'impression jusque-là que c'est l'ensemble EFG, richement pourvu de mosaïques, qui jouait ce rôle. En G a été mise en évidence une mosaïque dont le thème, Zeus enlevant Europe, correspondrait à l'image que voulait donner Philippe II d'un roi grec prêt à se tourner contre l'Asie. D'autres attributions sont aléatoires : salle B pour les archives, ensemble LKI pour ranger les objets précieux. A. Kottaridi confirme le rôle religieux de la tholos.

Il est clair qu'il s'agit d'un bâtiment original, lié à une idéologie royale.

– Pb. de chronologie

L'attribution de la tombe continue à intéresser et à diviser le monde savant, plusieurs articles parus entre 2007 et 2010 en témoignent. Le mobilier sur lequel portent nos analyses exige que l'on s'intéresse à ce débat.

- E. N. BORZA, O. PALAGIA, « The Chronology of the Macedonian Royal Tomb at Vergina », *JDAI* 122 (2007), p. 81-123 reprennent l'ensemble des problèmes et conclut en faveur de Philippe Arrhidée.
- Au même moment, M. HATZOPOULOS, « The Burial of the Dead (at Vergina) or the Unending Controversy on the Identity of the Occupants of Tomb II », *Tekméria* 9 (2008), p. 91-118 fait de son côté le tour des problèmes et conclut en faveur de Philippe II (p. 117, il écarte l'argument de D. W. GILL, « Inscribed Silver Plate from Tomb II at Vergina, Chronological Implications », *Hesperia* 77 (2008), p. 335-358 selon lequel le poids des objets en argent correspond à un étalon de 4, 2 g introduit seulement par Alexandre ; donc la tombe serait celle Philippe Arrhidée. En fait le monnayage d'or de Philippe II suivait déjà un étalon attique).

M. Hatzopoulos a pu connaître l'article de D. W. Gill, mais il n'a pas eu connaissance de celui de Borza, Palagia. En revanche une équipe pluridisciplinaire avec à sa tête J. Musgrave, à qui l'on doit la « révélation » en 1984 de l'orbite abîmée sur les restes osseux récupérés dans le larnax de la tombe II, a repris le dossier concernant les ossements en réponse à A. BARTSIOKAS, « The Eye Injury of King Philip II and the Skeletal Evidence from the Royal Tomb II at Vergina, », *Science* 288 (2000), p. 511-514, qui mettait en doute leur conclusion : *cf.* J. MUSGRAVE, A. J. N. W. PRAG, R. NEAVE, ROBIN LANE FOX, « The Occupants of Tomb II at Vergina, : Why Arrhidaios and Eurydice must be excluded », *Int.J.Med Sci.* p. 1-16. Cet article tient compte des contributions citées précédemment et règle scientifiquement la question.

Je me range parmi ceux qui soutiennent la datation haute et l'attribution de la tombe II à Philippe II de Macédoine. Il faut tenir compte dans le « complexe » royal du sanctuaire d'Eukleia avec les ensevelissements *ad sanctos* ; KYRIAKOU 2014, qui publie une couronne d'or provenant de ces tombes, soutient aussi la date haute. Je ne reprends pas tous les éléments du dossier qui ont été pour moi traités de façon magistrale par M. Hatzopoulos, qui répond aux arguments de Borza, Palagia. Il faut donc attendre la publication complète du matériel pour conclure et rouvrir le dossier.

ASIE MINEURE

Larisa sur l'Hermos

Je suis tout à fait convaincu par la démonstration de LAUTER 1975, p. 33-57 qui critique les restitutions de Boelhau, Schefold et supprime la façade du premier palais en *frons scaenae* (en dernier lieu SCHEFOLD 1973, p. 549-564). Mais NIELSEN 1999, p. 67 ne choisit pas entre les restitutions.

Pergame

R. ÉTIENNE 2003, p. 357-377 ; COARELLI 2016, c.r. E. GRECO, *Annuario* 15 (2015), p. 325-328 ; GRÜSINCER, KÄSTNER, SCHOLL 2015 ; PICÓN, HENNINGWAY 2016 ; c.r. ÉTIENNE 2017, p. 501-503.

HELD 2012 n'apporte guère de nouveautés.

Lycie

BORCHARDT 1990 sur Zêmuri ou Limyra, "Die Residenzstadt des Königs Periklès", p. 109-144 ; en fait le titre est en partie trompeur car il n'y a pas en tout cas de vestiges d'un palais, *cf.* p. 119 : "Der vermutete Palast von Zêmuri".

Bactriane, Aï Khanoum

Il est regrettable que les fouilles n'aient pas pu être poursuivies et que le site ait été pillé[23], car, à l'origine, on a tous les éléments constitutifs du palais. On ne saurait trop insister sur les trouvailles de la Trésorerie[24] d'où proviennent des textes, économiques et littéraires (sur la bibliothèque, p. 124) et des objets d'art. Parmi ces objets, citons les pierres précieuses et la bijouterie, dont une grande partie provient de l'Inde (les objets précieux ont pu être ramenés par Eucratide Ier, 171 av. J.-C.-vers 145, à la suite de ses campagnes en Inde contre son rival Ménandre Ier) ; parmi ces pierres le lapis-lazuli provient de l'arrière-pays montagneux, mais si l'on a retrouvé une matière brute abondante, il ne semble pas que la transformation ait eu lieu sur place, mais plutôt en Inde. Ces pierres précieuses décoraient un trône (p. 237-244). Autre création originale : une plaque indienne où l'on reconnaît un mythe fondateur (p. 204-232). Ces objets précieux indiens proviennent de pillages ou de cadeaux.

LAU. MARTINEZ-SÈVE, « The Spatial Organisation of Aï Khanoum, a Greek City in Afghanistan », *AJA* 118 (2014), p. 267-283 montre le mélange de composants grecs et orientaux dans l'aménagement du site.

ÉGYPTE

Alexandrie

Il y a peut-être à tirer, plus qu'on ne l'a fait, des textes qui sont notre seule source sur les palais d'Alexandrie. En particulier le récit de Flavius Josèphe dans les *Antiquités judaïques* donne des indications sur la structure de cet ensemble et les bâtiments qui le composent.

– Les bâtiments

On apprend qu'il y avait des **bibliothèques** et une politique d'achat de livres, menée par Démétrius de Phalère (*AJ* XII, II 3, 1). Un trésor,

23 Bernard 2001, p. 971-1029.
24 Rapin 1992.

sous bonne garde, comportait des pierres précieuses dans des coffrets, dont les artistes se servent pour enrichir les pièces d'orfèvrerie (*AJ* XII, II 3, 5). Il semble que les ateliers des orfèvres se trouvaient à proximité de la demeure royale puisque le roi prend plaisir à surveiller l'exécution des commandes[25] (*AJ* II, 10, 23).

Chrématistikos Pylôn ou salle des audiences[26] : Polybe situe dans le palais tout le tumulte autour de la mort de Philopatôr 222-204. Les soldats macédoniens voulant mettre la main sur le jeune roi, Ptolémée V Épiphane, investissent le palais et prennent le « portail de la salle d'audience », qui devait donc se trouver à l'entrée ; ils en font le tour pour se diriger vers le passage voûté (ci-dessous).

– Détails architecturaux

Hypolampas[27] : ou *oecus aegyptius* est un mode de couverture permettant de résoudre le problème difficile de l'éclairage dans de vastes salles. Entre les colonnes qui supportent les murs extérieurs on a prévu un passage, « circumitus » en forme de déambulatoire ; à l'étage, les murs intérieurs sont portés par des colonnes ajourées par des fenêtres.

Le terme d'*hypolampas* est utilisé à Délos à propos de la salle hypostyle : *cf.* Leroux 1913, p. 256-257 et *ID* 366 A. 14, 17 ; 338 Ab. 84 ; 442 B. 219 et Appendice II, p. 50-53. *Cf.* Gros 2001, p. 65-66. et ci-dessous Iraq al-Amīr qui dispose d'une sorte d'*oecus aegyptius*.

---

25 Sur la toreutique alexandrine, *cf.* Burkhalter, 1979, p. 69-85.

26 Tente (skénè) ou bâtiment (pylôn) servant aux audiences : Pol. V 81 ; V 15 ; 31, 2. À Memphis il y avait dans le palais une « fenêtre » des audiences où le couple royal apparaissait pour recevoir des pétitions. L'agencement topographique proposé par Wilcken 1927, p. 63-65 n'apparaît pas clairement. Thompson 2017, p. 259-260 n'apporte guère de lumière, mais pose une intéressante question : les souverains apparaissaient-ils en habits grecs ou égyptiens ? L'auteur suppose que la tenue devait être égyptienne, mais ne peut le prouver.

27 Athénée 536 e, d'après Phylarque : δὲ τῇ δευτέρᾳ καὶ εἰκοστῇ ὁ αὐτὸς Πτολεμαῖον φησι τὸν δεύτερον Αἰγύπτου βασιλεύσαντα, πάντων σεμνότατον γενόμενον τῶν δυναστῶν καὶ παιδείας εἴ τινα καὶ ἄλλον καὶ αὐτὸν ἐπιμεληθέντα οὕτως ἐξαπατηθῆναι τὴν διάνοιαν καὶ διαφθαρῆναι ὑπὸ τῆς ἀκαίρου τρυφῆς ὥστε τὸν πάντα χρόνον ὑπολαβεῖν βιώσεσθαι καὶ λέγειν ὅτι μόνος εὕροι τὴν ἀθανασίαν. κατατεινόμενον οὖν ὑπὸ ποδάγρας πλείους ἡμέρας, ὡς ποτ' οὖν ἐρράισεν καὶ κατεῖδεν διά τινων ὑπολαμπάδων τοὺς Αἰγυπτίους παρὰ τὸν ποταμὸν ἀριστοποιουμένους καὶ τὰ τυχόντα προσφερομένους ἐπί τε τῆς ἄμμου χύδην ἐρριμμένους, εἶπεν : 'ὢ τάλας ἐγώ, τὸ μηδὲ τούτων ἕνα γενέσθαι.

Couloir (*syrinx*[28]) : Polybe dit qu'il était situé entre le Méandre et la palestre et fermé par 3 portes ; il conduisait au théâtre : était-ce une sortie privée du souverain ?

Pyrgos : *Maccabées* II, 27 ; V, 10, 46. Ptolémée IV fit graver sur une stèle la loi faisant obligation aux Juifs de se soumettre aux sacrifices païens et la fait placer ἐπὶ τοῦ κατὰ τὴν αὐλὴν πύργου.

– Société

Le campement des soldats n'est certainement pas loin de la résidence des souverains d'après ce que l'on en sait par Polybe XV 25, 3.

Dahabié de Ptolémée IV (Athénée V, 204d-206c)

Étienne, 2015, p. 269-282 où sont étudiés les termes architecturaux utilisés dans le texte pour décrire le palais flottant.

JUDÉE/PALESTINE

'Iraq al-Amīr (Fig. 6, 7, 7a)

Larché 2005, c.r. R. Étienne 2006 a, p. 335-343.

Étienne, Salles (eds.) 2010 : dans ce livre sont discutés tous les problèmes liés à ce pavillon original. Les auteurs discutent des restitutions de détails et de la signification d'ensemble, lieu de réunion, salle de banquet et bâtiment intégré dans un protocole seigneurial, que justifierait la présence de deux loggias. Elles serviraient à Hyrcan pour se présenter à la foule en certaines occasions.

On a là en tout cas un exemple d'architecture alexandrine bien conservé.

28 Pol. XV 31.

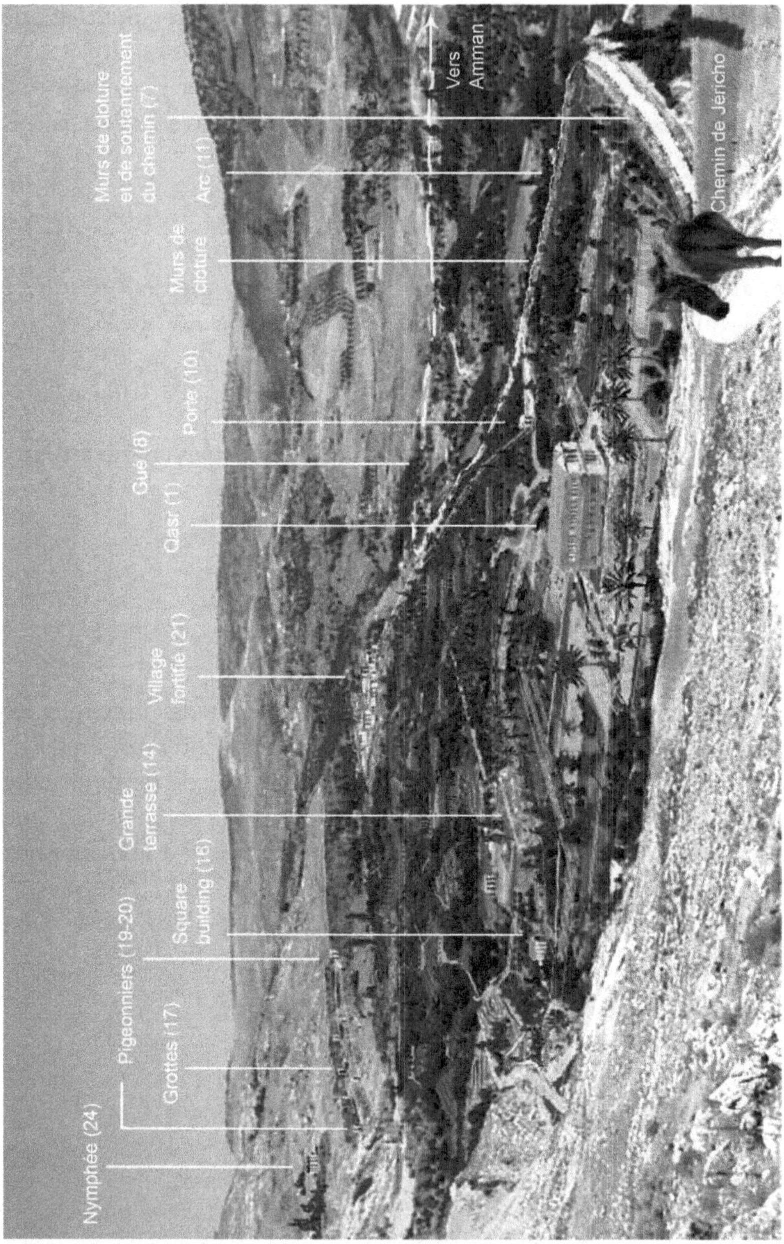

FIG. 6 – ʿIraq al-Amīr : image du domaine par J.-P. Braun (Étienne, Salles 2010, p. 64 Fig. 14).

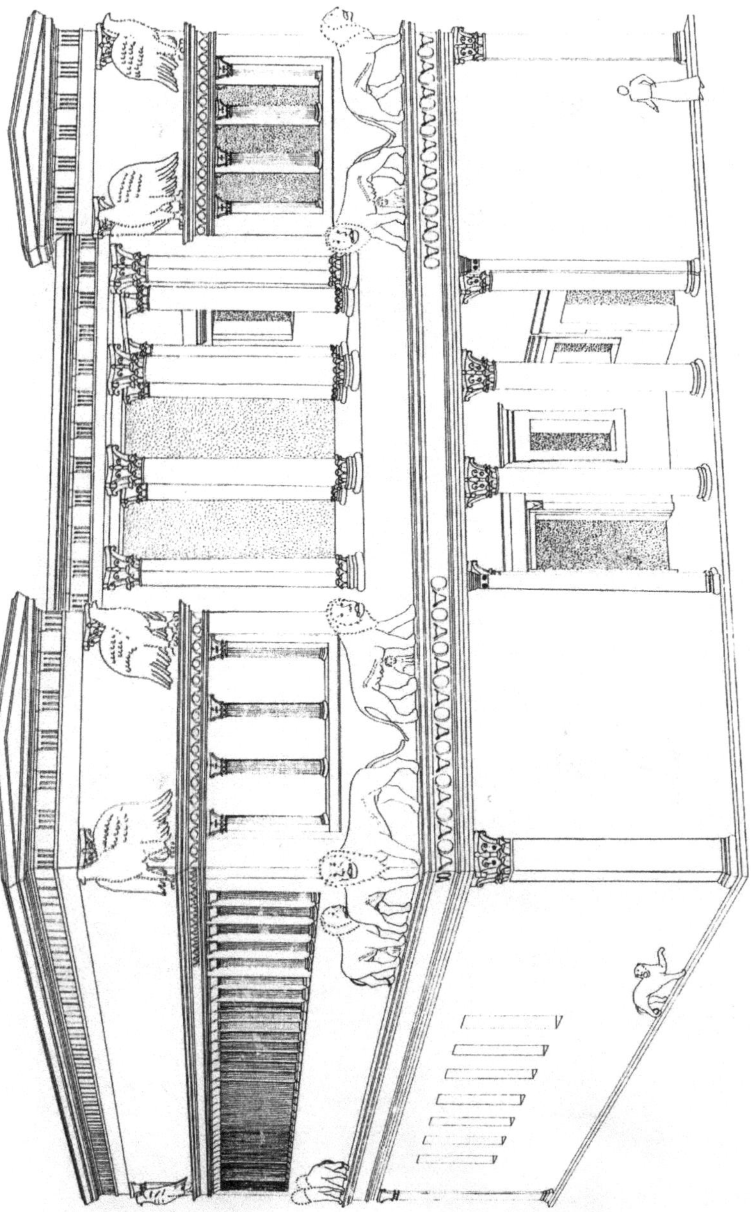

FIG. 7 – 'Iraq al-Amīr : façade Nord et perspective (F. Larché, *Iraq II*, ill. 24).

FIG. 7a – ʿIraq al-Amīr : décor extérieur, panthère ornant une fontaine.

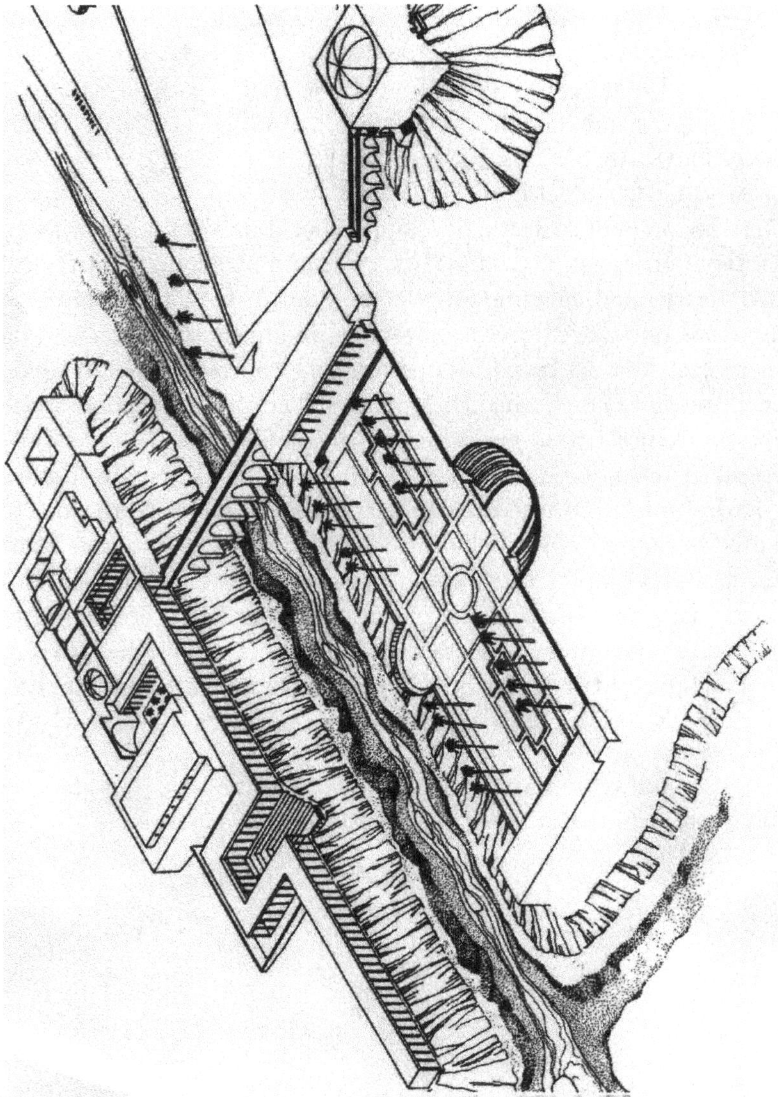

FIG. 8 – Restitution du palais d'Hérode le Grand à Jéricho (Netzer 2001, p. 317, ill. 460).

Palais d'Hérode (Fig. 8)

R. Förtsch, « The residences of King Herod and their relations to Roman villa architecture", dans Fittschen, Foerster (eds.), *Judaea and the Graeco-Roman world, Göttingen* (1996), p. 74-119.

Ouadiah, Peleg 2006, p. 321-326 : rôle religieux de la structure ronde à Masada[29] ; Netzer 2001, 2006, ; Bar Nathan 2001 c.r. Étienne, Frangié, Salles 2007, p. 727-753

Roddaz, Golvin 2014.

À Jéricho, on peut suivre le développement d'un véritable complexe d'habitations « royales » (« palais d'hiver » selon l'inventeur), construites par la dynastie asmonéenne au IIe et Ier s. av. J.-C.[30]. Les premières constructions ont une allure de forteresse, même si, dès l'état 2, une série de pièces, dont des bains, les uns rituels, les autres non, est répartie autour d'une vaste cour centrale. Mais c'est l'état 3 qui répond à une conception architecturale grandiose : « un pavillon de style dorique, deux piscines (chacune de 18 m x 13 m) entourées d'une aire dallée, et un jardin entouré d'une cour péristyle (*ca.* 70 m x 60 m) ont été construits du Sud au Nord, selon un axe architectural unique ». Dans son état final, le complexe compte sept piscines. L'intervention de l'eau dans le paysage architectural me paraît révolutionnaire, et préfigurer l'utilisation urbanistique qu'en fera Rome à l'époque impériale. Qui plus est, un passage de Josèphe permet d'animer ces espaces de rêve, où l'on vient prendre le frais en regardant nager les baigneurs (*AJ* XV, 53-55).

Les palais relèvent de plusieurs types : forteresse, palais dans la capitale, tente, bateaux adaptés à des monarques itinérants.

29 Ouadiah, Peleg 2006, p. 334 : « The Northern Palace in Masada has all the characteristics of a private complex, intended for King Herod and his family – its unusual topographic location and isolation, the difficult approach and its distance from centers of Jewish population – thus making it a suitable site for the Kings cultic purposes. »

30 Netzer 1996, p. 203-208.

CARACTÉRISTIQUES DE L'ARCHITECTURE PALATIALE ET AMÉNAGEMENTS SPÉCIFIQUES

Ne serait-ce que par leurs **dimensions** les palais se démarquent des maisons privées les plus ambitieuses. Le complexe palatial de Pella couvre 60 000 m^2, certes répartis en 7 ensembles, mais, à lui seul, le palais de Aigai-Vergina s'étend sur près de 10 000 m^2 (104,5 m x 88,50 m, soit exactement 9248 m^2) et dispose en son centre d'une cour de 2000 m^2. Qui plus est, les pièces M1-M3, qui se trouvent sur le côté Ouest de la cour, mesurent chacune 300 m^2, c'est à dire qu'elles sont presque aussi grandes que la plupart des maisons grecques connues, qui, comme à Olynthe, font au sol en moyenne entre 250 et 400 m^2, ce qui n'allait pas sans poser quelques problèmes de couverture, qui ont été réglés par des solutions audacieuses[31]. Si on compare Aigai-Vergina aux plus belles maisons de Pella, la différence reste importante puisque la plus grande d'entre elles, celle du Dionysos ne fait jamais que 3000 m^2 et que les autres oscillent entre 1000 et 2000 m^2 au sol. Je doute que l'on ne trouve jamais des maisons privées couvrant un hectare[32].

Mais c'est moins la surface que des critères structurels qui marquent la différence entre architecture privée et architecture palatiale ; je proposerais d'en retenir trois :

- l'organisation de complexes palatiaux autour de cours multiples, même si cette organisation est acquise au cours du temps et n'est pas nécessairement conçue dès l'origine ;
- une architecture de façade, avec son corollaire, les entrées monumentales ;
- les aménagements internes propres aux palais : salles et cours à fonctions particulières, exèdres et statues.

31 Ginouvès, Guimier-Sorbets 1994 proposent une voûte 'galate'en couverture.

32 Les dimensions sont un critère d'une architecture 'tyrannique' ou royale : *cf.* Polybe X, 10, 9 ou XVII, 52, 4 à propos des palais d'Hasdrubal ou d'Alexandre ; où les βασίλεια sont caractérisés par leur richesse et leurs dimensions ; ce sont des expressions identiques qui sont reprises par Diodore de Sicile XVI, 83, à propos de la résidence d'Agathoclès en Sicile : οἶκος…τῶν κατὰ τὴν Σικελίαν ἔργων ὑπεραίρων τῷ μεγέθει καὶ τῇ κατασκευῇ.

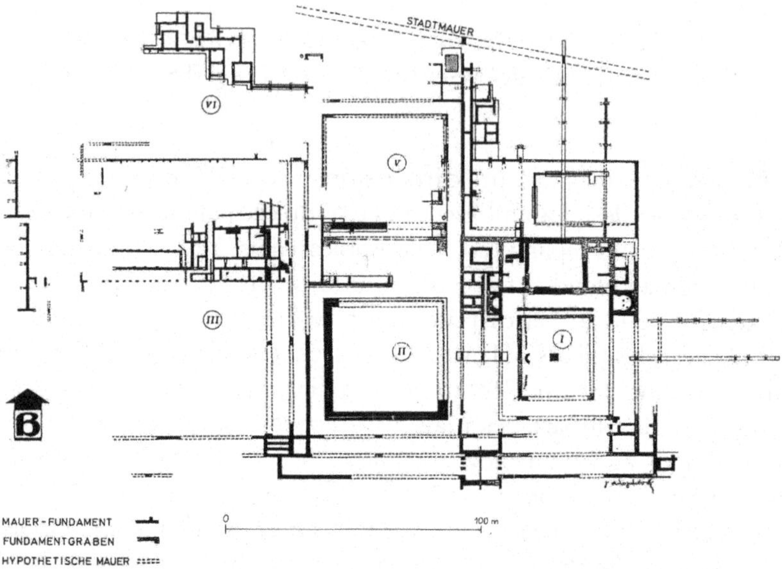

Abb. 22 Pella. Fundamente der Basileia mit drei großen Peristylen und einem begonnenen Riesenperistyl mit 90 m Seitenlänge. Hallen und Propylon bilden eine Front zur Stadt. M 1 : 2000

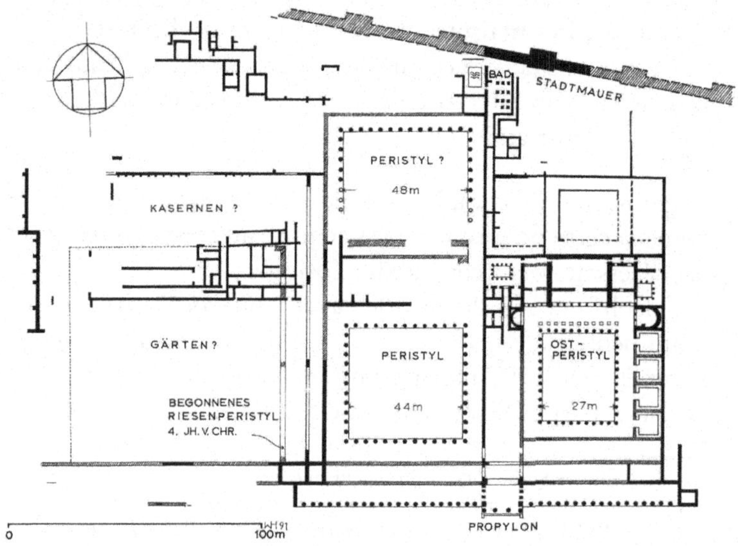

FIG. 9 – Palais de Pella (*Basileia*, p. 28, Abb. 22-23 : en haut, fondations des palais ; trois grands péristyles et au Sud, un Riesenperistyl de 90 m, face à la ville).

Que ce soit à Pella ou à Aigai-Vergina, le palais n'est pas un bâtiment unique, mais ont été aménagés ce que j'appellerai des « **complexes palatiaux** », articulés autour de grandes cours. C'est à Pella où cette organisation est la mieux connue, puisqu'on ne distingue maintenant pas moins de sept ensembles, couvrant, comme je l'ai dit, 6 hectares (Fig. 9)[33]. On a distingué en VII un bâtiment datant de l'époque d'Antigone Gonatas (85 m x 50 m), dont la partie Sud serait une place et/ou un jardin ; en VI et en IV des bains ont été mis en évidence, mais la découverte la plus intéressante serait sans doute un atelier de frappes monétaires, attesté par la trouvaille de nombreux flans. L'ensemble V (70 m x 60 m), comportant une cour de 2000 m^2 correspond à un gymnase, avec un xyste de 115 m x 5,5 m à péristyle de bois. Quant aux bâtiments I et II, ce sont les plus anciens (3e quart du IVe s.) : ils se développent derrière une façade unitaire d'à peu près 150 m de long et se déploient autour de cours dont la surface le cède de peu à celle du palais d'Aigai-Vergina (31 x 31,5 m pour le bâtiment I). Il semble bien que chaque génération ait agrandi le noyau primitif, selon un processus que l'on connaît bien en France pour le palais du Louvre. Disons que les palais macédoniens méritent bien qu'on les désigne comme αὐλή terme le plus fréquent pour désigner le palais des rois, et notamment celui du premier d'entre eux, à savoir Zeus chez Homère[34].

Même si la cour, αὐλή, finit par désigner la totalité des βασίλεια elle ne permet pas à elle seule de caractériser une architecture palatiale, qui se distingue en revanche par l'importance donnée à la **façade**. C'est là sans doute que gît la « révolution » technique la plus sensible et qui doit être replacée, à côté d'autres créations, dans ce mouvement multiforme concernant l'élaboration des signes visibles de l'idéologie dynastique, parmi lesquels on compte le portrait, un certain type de mobilier ou de service de table.

La façade de Pella présentait aux regards de ceux qui abordaient le palais un long portique de 150 m, monté sur un podium de 2 m de haut et traversé en son centre par un propylon monumental divisé en trois salles, que l'on atteignait par une rampe. C'est la même disposition que l'on trouve à Aigai-Vergina où les membres architecturaux permettent de préciser la restitution, même si quelques doutes subsisteront jusqu'à la publication d'ensemble du monument[35]. À la suite de

33 *Cf.* la bonne synthèse récente de Chrysostomou 1996.

34 Homère, *Odyssée* IV, 74.

35 *Cf.* ci-dessus, p. 37-41, Kottaridi 2011.

D. Pandermalis on restitue donc sur le vestibule d'entrée un étage à fenêtres (« Scheinfenster »), dont le modèle est donné par la façade de la tombe de Leucadia[36] (Fig. 10)[37]. Cette restitution, qui semble assurée par les blocs, impose que, comme à Leucadia, la façade du vestibule d'entrée soit coiffée par un **fronton**, dont subsistent des éléments.

FIG. 10 – Tombe de Leucadia (Petsas 1966). Ginouvès 1993, fig. 151.

36 Pandermalis 1976 : il y a deux séries de fausses fenêtres, de 91 et 109 cm de large qui appartiennent au bâtiment d'entrée; elles s'insèrent entre les colonnes du petit ordre ionique d'étage, comme à Leucadia : *cf.* sur cette tombe, Petsas, 1966.

37 Brands, 1996, p. 65 et bonnes discussions sur la restitution de la façade; signalons tout de même que, dans le même volume, sont publiés quatre dessins différents du propylon d'entrée (p. 16, fig. 12, p. 64 fig. 4, p. 65, fig. 5 et p. 102, fig. 3) et que celui illustrant l'article de Hoepfner, 1996, p. 16, fig. 12 ne tient pas compte des articles de Pandermalis; en revanche, les restitutions p. 64, 65 font référence à la tombe de Leucadia : *cf.* ici, Fig. 10. Ces tentatives de restitution doivent être oubliées et on se référera à Kottaridi 2011.

Or, il ne s'agit pas là d'un simple élément décoratif, ce que prouverait le seul fait que l'on ne trouve pas de fronton sur des entrées privées. Rappelons que les frontons sont classés par Vitruve parmi les éléments « royaux » de l'architecture : en parlant des *frons scaenae*, l'architecte romain s'exprime de la façon suivante : « deformantur columnis et fastigiis et signis reliquisque regalibus rebus[38] ». Qui plus est le *jus fastigii* constituait un privilège à Rome que le Sénat accorda à Jules César : A. Alföldi, l'excellent commentateur du passage, y voit, sans doute à juste titre, une coutume empruntée aux cours hellénistiques[39].

On est donc étonné que W. Hoepfner ait déployé tant d'efforts pour tenter de prouver que cette architecture de façade était, à l'origine, un décor intérieur qui aurait été, ensuite, transposé à l'extérieur. Outre que sa reconstruction du décor des murs du grand andrôn de Pella est hypothétique, d'après ses propres dires, cela ne changerait rien à nos conclusions, s'il avait raison ; on aurait en Macédoine, une double invention : un style architectural sur les murs et, parallèlement, la conception de façades monumentales pour les résidences palatiales, puisque l'*andrôn* de Pella appartient au « palais » II, doté d'une façade monumentale, comme nous l'avons signalé ci-dessus[40]. Je crois que l'on peut faire l'économie d'une telle proposition, car tout conduit à penser que le style architectural de décor mural a été emprunté à la grande architecture et non l'inverse[41].

---

38 Vitruve, *De architectura*, V 6, 9.

39 Alföldi 1935, p. 124 sur *fastigium*.

40 Hoepfner 1996, p. 34 : on lit en légende de la fig. 28 : „Architekturteile aus Baugruppe II, *vermutlich* von einer fassadenhaften Architektur an den Wänden des grossen Andron". Les blocs font l'objet d'une « Rekonstruktionsversuch » sur la fig. 29, séduisante et qui risque de circuler dans les manuels si l'on n'y prend pas garde. La preuve que les blocs appartiennent au décor de l'oikos reste à faire, alors que les façades monumentales, avec portiques et propylon à fronton sont assurées. Qui plus est, il est difficile d'intégrer un fronton dans un décor mural, et faire ainsi dériver la façade de Leucadia d'un décor intérieur : Hoepfner 1996, p. 33 sent la difficulté et s'en tire mal en renvoyant à d'hypothétiques frontons sur le propylon des *andrônes* ou sur une partie centrale surélevée (« bei den Satteldächern am Propylon der Andrônes oder über einem hochgehobenen Mittelteil vorkam »).

41 Nielsen 1994, p. 96 ; la tente de Ptolémée II comporte aussi un fronton : « au plus haut du toit, sur le front de l'édifice, se dressait deux aigles d'or, grands de quinze coudées. », Athénée, *Deipnosophistes*, 207 cd, traduction dans Leroux 1913, p. 224. Lucain, *Pharsale* V, v. 109-110 dénonce le luxe de la salle à manger de Cléopâtre, qui ressemble à un temple : « Ipse locus templi, quod vix corruptior aetas extruat, instar erat ». Le modèle des aménagements intérieurs est bien l'architecture sacrée.

Le **fronton en façade** peut-il être considéré comme une caractéristique propre à l'architecture palatiale ? C'est ce qu'on ne saurait affirmer, mais c'est ce qui mériterait une certaine attention, car utiliser les éléments distinctifs de l'architecture monumentale sacrée ne devait pas être permis à n'importe qui. Signalons seulement que la restitution de l'entrée de la maison de Dionysos comporte un vestibule surmonté d'un fronton ; si le vestibule existe bel et bien, j'hésiterais à le couvrir d'un fronton tant que les blocs architecturaux ne viennent pas en administrer la preuve. La discussion qui précède montre en effet qu'on ne peut se permettre de restituer des toitures selon sa fantaisie, car c'est non seulement l'aspect du monument qui est en jeu, mais au-delà toute une histoire de l'architecture, qui s'inscrit dans le cadre complexe des modes d'expression idéologiques[42].

Parmi les aménagements propres à l'architecture palatiale, il faut, je crois, faire une place à part dans le palais I de Pella à la **double exèdre et à la base** (30m x 1, 30m) sur laquelle on replace des statues, soulignant emphatiquement la partie Nord de la cour sur laquelle s'ouvre le grand *oecus*. Il s'agit là de dispositions tout à fait exceptionnelles et que l'on ne retrouve, à ma connaissance, nulle part ailleurs[43] ; autre singularité dans la forme des pièces, la salle ronde d'Aigai-Vergina sur le côté Est, où l'on restitue sans doute un lieu de culte, grâce à une inscription en l'honneur d'Héraclès Patrôos, trouvée à proximité[44]. En revanche le groupement des pièces de réception autour d'un vestibule (« Dreiraumgruppe »), bien représenté dans l'aile Sud du palais d'Aigai-Vergina (pièces, E-F-G), appartient de façon générale à l'architecture privée et se retrouve jusqu'en Sicile, qui aurait peut-être subi l'influence de l'architecture macédonienne[45].

---

42 Ainsi, il resterait à examiner de près le décor des toits pour tous les bâtiments semblant relever d'une architecture « privée » ; la présence ou non de décor d'antéfixes pourrait distinguer une série de bâtiments et leur donner un caractère « public » : en tout cas, on a attribué au « palais de Pisistrate » sur l'agora d'Athènes une série d'antéfixes (*cf.* Winter 1993, p. 223-224) et les maisons exceptionnelles d'Érétrie ont elles-mêmes des gargouilles à têtes de lions, *cf.* Ducrey *et alii* 1993, p. 124.

43 Schmidt-Colinet 1996.

44 Kottaridi 2011, p. 326 restitue tout un décor mural : « fragment of the relief frieze, even if these elements were placed there later in the years of Philip V. Supports, probably in the shape of half-columns, were attached to the circumference of the tholos... ». Sur les inscriptions de la tholos, *cf. BullEpi, REG* 126 (2013), n. 265 ; elles sont gravées sur deux pilastres et il pourrait y avoir plusieurs divinités ancestrales citées : M. Hatzopoulos, auteur de la recension, suggère, à côté d'Héraclès, Dionysos.

45 Kottaridi 2011, p. 323-326 ; pour la Sicile, Isler 1996.

C'est dans la salle E, appartenant à cet ensemble triple (Fig. 5), que l'on a retrouvé la très belle mosaïque florale, qui comporte aux angles, la *Rankengöttin*, la déesse au corps végétalisé où j'ai voulu reconnaître une divinité locale dont le parèdre serait un Dionysos Sabazios, figurant sur l'ornementation des lits de banquet[46]. Est-ce une thématique propre au palais et, de façon plus générale, y-a-t-il un **décor proprement palatial** ? Il est difficile de répondre, car les séries sur lesquelles on s'appuie sont trop réduites pour en tirer des conclusions certaines. De façon générale, le luxe des tapis de sol et la décoration murale n'appartiennent pas en propre au palais et la série des très belles mosaïques de Pella en donnerait la preuve[47] ; quant aux thèmes, rien ne prouve qu'il y en ait eu de proprement royaux. En revanche, on pourra s'interroger sur l'endroit où était rangé le « trésor », qui fut transféré dans la tombe de Vergina au moment des funérailles de Philippe II, car il ne fait aucun doute que les pièces trouvées dans la tombe proviennent du palais et n'ont pas été fabriquées pour la circonstance[48] : servaient-elles d'ornement, étaient-elles exposées ou enfermées dans un local *ad hoc* ? Cela nous conduit à examiner les dispositions fonctionnelles du palais par comparaison à une simple maison privée.

FONCTIONS PALATIALES

Certaines dispositions particulières sont à mettre en rapport avec la fonction de réception. Sans doute, les maisons privées possédaient leurs salles de banquet, et certaines en avaient même plusieurs, comme à Érétrie ou à Pella[49], mais on a proposé de transformer le palais d'Aigai-Vergina

---

46 Étienne 2002, p. 267-272, fig. 2-4 que je reprends ci-dessous, p. 72-73.

47 A.-M. Guimier-Sorbets dans Ginouvès 1993, p. 117-136 ; le luxe et le raffinement des matériaux utilisés dans la décoration ne sont certainement pas permis à toutes les classes sociales, *cf.* la Syracusaine de Hiéron II, ci-dessus, p. 20-22.

48 Sur la datation de la tombe que j'attribue à Philippe II, *cf.* Étienne 2002, p. 257-258, mais les dernières études (Borza-Palagia 2007, Gill 2008), penchent plutôt pour Phillipe Arrhidée, mais Hatzopoulos 2008 revient avec de bons arguments à la datation traditionnelle, ci-dessus, p. 25-26 ; sur l'utilisation des objets, Étienne[3] 2014, p. 277-280.

49 Érétrie, *cf.* Ducrey *et alii* 1993, p. 45-47 ; Pella, *cf.* Hoepfner 1996, p. 3-4.

en un vaste « restaurant » et de restituer toutes les pièces entourant la cour en *andrônes*, pourvues de lits de banquets (ne font exception que les pièces dont l'intérieur ne comporte pas de figuré rouge comme les trois pièces de l'angle Sud-Ouest et la salle ronde ; *cf.* Fig. 5). L'idée en remonte au grand architecte J. Travlos, qui, en 1970, a levé à nouveau un plan du site, et fut ensuite reprise par M. Andronikos en 1984 ; elle est défendue avec enthousiasme par W. Hoepfner, qui calcule que l'on peut y mettre 278 lits, ce qui correspondrait à 500 invités[50] ; cela n'a rien d'invraisemblable puisque la tente de Ptolémée II pouvait abriter cent lits de banquet[51].

Il ne fait aucun doute que l'importance des salles de réception est en rapport direct avec la qualité de l'hôte, comme le révèle l'anecdote concernant la demeure d'Agathoclès, tyran de Sicile : sa maison fut foudroyée, dit-on, par les dieux car elle représentait un acte d'*hybris*. Qu'est-ce qui la distinguait donc de celles du commun des mortels ? Diodore nous rapporte qu'elle pouvait contenir soixante lits[52] ! Rappelons qu'une loi d'époque augustéenne, trouvée en Espagne, interdit aux candidats à une charge municipale d'avoir une salle d'apparat de plus de neuf lits, ou, sinon, ils pouvaient être attaqués pour brigue. Il ne fait aucun doute que les capacités de réception distinguent le palais d'une simple maison.

Faut-il maintenant totalement adhérer à l'opinion de ceux qui transforment Aigai-Vergina en un gigantesque *andrôn* ? C'est ce que je ne ferai pas sans précautions, pour deux raisons. Premièrement, pour une raison technique : on sait qu'une salle, quand elle a été prévue pour recevoir en permanence des banquets, se distingue normalement par une banquette surélevée le long des murs et/ou par le décentrement de l'entrée qui permet une meilleure disposition des lits (remarquons cependant que l'on peut parfaitement installer un *symposion* dans n'importe quelle pièce d'un habitat). Sur le plan dressé par Travlos et reproduit dans les actes du colloque *Basileia*, il n'y a guère que M1-M3 et S-R qui sont visiblement pourvues d'une banquette ; toute la partie Nord est restituée et, pour les pièces du Sud, certaines ont visiblement des seuils décentrés, comme G,

50 *Cf.* Hoepfner 1996, p. 11 et n. 45 ; le plan restitué est donné p. 8, fig. 5 ; c'est ce même plan aussi qui figure dans Touratsoglou 1996, p. 218. Pour Kottaridi 2011b, p. 177 il y avait place pour 224 couches et on pouvait recevoir plus de 400 hôtes.

51 Athénée, *Deipnosophistes*, 207 cd.

52 Diodore de Sicile XVI, 83.

mais c'est le cas aussi de A, où l'on ne restitue pas de lits ! Une raison de bon sens m'empêcherait aussi de mettre des lits de banquets dans toutes les pièces de la cour. Organiser un banquet pour 500 personnes suppose de vastes cuisines et un personnel important qu'il faut loger : où sont les salles de service ? De plus, on sait que la tente d'Alexandre en campagne comportait un vestibule, une chambre à coucher, une salle de bain et une vaste pièce pour les amis[53]. Je croirais volontiers que, de la même façon, la destination des salles de Aigai-Vergina était plus diversifiée que ce que l'on en a dit jusque-là.

Ces pièces donnaient sur une cour carrée de 2500 m^2, qui ne peut avoir joué tout à fait le même rôle que la cour des maisons privées, comme l'a bien montré W. Sonne[54] ; elle ne se justifie plus seulement comme simple élément conjonctif, distribuant les circulations à l'intérieur de l'espace domestique, elle a une valeur en soi et ne peut avoir été laissée vide. Il s'agit alors de savoir comment on l'occupe et quel pouvait être son utilisation : est-ce que ce sont des « paradis » à l'orientale, en tout cas des jardins pouvant aussi abriter faune et flore ? L'archéologie devrait pouvoir répondre, mais elle reste jusqu'à maintenant muette. Là aussi, échappons au schématisme et à l'esprit de système : les multiples cours de Pella doivent avoir des fonctions différentes, certaines pouvant composer des jardins d'agrément[55], d'autres pouvant servir de palestres, ou être intégrées à des casernes pour les manœuvres de la troupe. Il n'y a pas beaucoup de trouvailles qui donnent des indications sur l'utilisation des cours : signalons à Pella, dans l'ensemble I, un autel et une fontaine ; rien de vraiment comparable aux fontaines du palais d'Aiétès qu'évoque Apollonios de Rhodes (*Argonautiques*, III, v. 221-227[56]). Cependant deux textes doivent être invoqués qui prouvent le lien entre le roi et le jardin : Justin fait un portrait peu amène d'Attale III, qui « cesse de paraître en public et de se montrer au peuple, il n'offre plus de joyeux festins en son palais… Puis, abandonnant l'administration de son empire,

---

53 Quinte-Curce, *Alexandre* VI, 10, 21 ; 9, 9 ; 9, 23.

54 Sonne 1996, p. 136-143.

55 Nielsen 1997, p. 158-159 insiste aussi sur le rôle des jardins dans les cours des palais, ce dont elle a traité en détail récemment dans Nielsen 2001a, p. 165-185 et 2015 ; le seul élément nouveau, du point de vue archéologique, serait les tranchées mises en évidence dans la cour du palais de Jebel Khalid, qui pourraient être les traces d'un jardin : *cf.* Clarke 2001, p. 217-218.

56 *Cf.* sur ces vers, *cf.* Roux 1963, p. 84-87.

il bêche ses jardins, sème des plantes, mêle les nuisibles aux inoffensives et les envoie toutes, infectées de poison, à ses courtisans, comme un présent particulier[57] ». Je crois que ce texte a été sous-estimé par M. Carroll-Spillecke qui se demande seulement si ces jardins étaient ou non dans le palais ou à l'extérieur[58]. Elle oublie d'autre part un autre texte décrivant les jardins artificiels sur le bateau royal de Hiéron II, la fameuse Syracusaine : »sur le pont supérieur, il y avait un gymnase et des promenoirs adaptés à la grandeur du bateau, dans lesquels de multiples jardins étaient admirablement pourvus de plantes, arrosés par des gouttières de plomb enterrées ; il y avait aussi des tonnelles de lierre blanc et de vigne dont les racines se nourrissaient de la terre contenue dans des pots qui en étaient remplis et qui recevaient de l'eau comme les jardins[59]… ». Donc, même si l'on n'a pas retrouvé d'adduction d'eau pour arroser la cour du palais d'Aigai-Vergina, une culture en pots n'est pas à exclure, ce qui expliquerait l'absence de traces visibles, les tuyaux d'arrosage de plomb ayant été récupérés. Qu'il y ait des jardins dans les palais paraît donc bien assuré et nous avons souligné ailleurs l'importance des parterres de fleurs dans l'idéologie royale[60].

À Aigai-Vergina comme à Pella, on n'atteignait la cour du palais qu'après avoir franchi plusieurs vestibules, qui communiquaient avec des salles longues et étroites, se prolongeant derrière la façade. Rien de tel dans les maisons privées, où le vestibule ne commande pas à des aménagements d'une telle ampleur et ne sert que de sas entre l'intérieur et l'extérieur. À quoi servaient ces aménagements ? Ils rendent structurellement indépendante la partie du palais située à l'Est à Aigai et, au Sud, à Pella : W. Hoepfner propose, à titre d'hypothèse, d'y mettre des réserves d'armes et les gardes du palais, mais cette proposition ne convient plus après les derniers travaux d'A. Kottaridi[61]. Mais il faudrait, faute d'indices archéologiques nets, verser aussi au dossier quelques textes. Ainsi, Polybe donne certains renseignements sur les palais d'Alexandrie : il est notamment question chez l'historien d'un χρηματιστικὸς πυλών,

57 Justin, *Historiarum Philippicarum*, XXXVI, 4, 1-3. Il y a en Orient une tradition de roi jardinier ; Bonnet 2015, p. 64 “La fonction de jardinier a donc une portée symbolique très forte en rapport avec la terre, la fertilité, la prospérité.”

58 Carroll-Spillecke 1989, p. 58 et aussi Carroll-Spillecke 1992.

59 Athénée, *Deipnosophistes*, 207-208b.

60 Étienne 2002, p. 261-267 : « Des rois et des fleurs au IVe s. av. J.-C. » et ci-dessous, p. 61-69.

61 *Cf.* Kottaridi 2011.

c'est-à-dire d'une porte des audiences[62], où l'on reconnaîtrait bien volontiers « la porte » où les rois perses avaient l'habitude de convoquer leurs vassaux[63]. Ce que l'on sait de ces « *pylônes* » en Égypte conviendrait bien pour le bâtiment d'entrée du palais de Aigai-Vergina (aile Est), auquel j'assignerais volontiers un rôle administratif.

Sur ce même côté Est, la loggia d'étage, dont je crois la restitution assurée[64], mériterait quelque attention ; il resterait à en comprendre l'exacte économie puisqu'elle comportait des fausses fenêtres. Je doute cependant que cet étage ait été complètement clos puisqu'on pouvait y monter. À quoi servait cette loggia ? N'est-elle qu'un embellissement dans une architecture de façade ? On pourrait poser la même question pour la longue véranda donnant vers la plaine au Nord[65] : est-ce seulement pour jouir du beau paysage que l'on a ouvert ce balcon ? Je penserais volontiers que, dans une architecture royale, l'agrément va de pair avec le fonctionnel et que ces ouvertures n'ont pas seulement pour but de distraire le souverain. Il faut remarquer que la véranda Nord domine le théâtre et surplombe donc la voie qui mène du palais au théâtre ; c'est cette voie que dut emprunter le cortège qui conduisait les chars processionnels portant les douze dieux et l'effigie de Philippe II jusqu'au théâtre, le jour de l'assassinat du roi[66]. Loggia et véranda n'auraient-elles pas une fonction aulique permettant au roi d'apparaître devant son peuple en certaines occasions ? Le texte de Justin que nous citions plus haut (p. 43-44) prouve que ce souci de contact entre le roi et ses sujets fait partie de l'idéologie royale et que, pour y satisfaire, le protocole royal devait en tenir compte[67]. C'est à la même conclusion que nous a mené l'étude de l'architecture du pavillon d''Iraq al-Amīr.

62 Il y a aussi une « fenêtre des audiences », *cf.* ci-dessus p. 28.

63 Polybe XV 31, 2 ; la réunion des témoignages littéraires sur les palais a été bien faite par Nielsen 1994, p. 20.

64 Ci-dessus, p. 38.

65 Pandermalis 1976, p. 394 prouve que cette terrasse était entourée d'une balustrade.

66 Diodore de Sicile XVI, 92, 5-93, 163.

67 Sur les protocoles royaux, *cf.* Étienne 2007 a. Il faut aussi remarquer que ces portiques extérieurs sont repris dans les palais romains du Palatin, *cf.* Gros 2001, p. 252-261.

PALAIS ET RELIGION

Qu'il y ait des cultes dans le palais, tout le monde en conviendra, et j'ai signalé un autel à Pella dans une des cours : il y avait des autels dans toutes les maisons grecques, et des cultes autour du foyer. Mais, allons plus loin : est-ce que le palais présente, du point de vue du culte, une originalité ? Est-ce que des pièces étaient réservées à des manifestations religieuses ? Il y a peu d'indices pour répondre à cette question : c'est une fonction religieuse que l'on assigne à la « *tholos* » de Vergina-Aigai. À Pergame, on reconnaît un lieu de culte dans une petite pièce mosaïquée du palais V. Mais aucun indice ne laisse percevoir de lien entre culte du souverain et palais[68]. Le lien est sans doute plus subtil : les Attalides sont logés sur l'Acropole à proximité du sanctuaire d'Athéna. Cette situation tout à fait exceptionnelle et ce voisinage très valorisant pourraient délivrer un message clair : la demeure du souverain est placée sous la protection divine[69]. On sait par ailleurs qu'à Aigai, Philippe faisait défiler sa statue jusqu'au théâtre en même temps que celles des dieux : où ces statues étaient-elles entreposées ? Étaient-elles exposées en permanence ? Le théâtre est en contrebas du palais. De même, à Alexandrie, la *regia* comportait des sanctuaires que le peuple pouvait fréquenter lors de certaines fêtes : on dispose pour évoquer ces visites d'une idylle de Théocrite qui concerne les Adonia[70]. G. Glotz en donnait ce commentaire, qui n'est pas dénué d'intérêt pour notre propos : « en recevant le dieu dans son palais comme dans un temple, en l'entourant des objets précieux qui l'entouraient elle-même dans ses appartements, en l'exposant couché pour une nuit de noce dans son lit à elle, Arsinoé se posait en Aphrodite et préparait son apothéose[71]. ».

Il y avait aussi un sanctuaire d'Aphrodite sur le bateau royal de Ptolémée IV. Par toutes sortes de moyens il était possible d'établir des liens entre les dieux et les rois : les palais jouent leur rôle dans cette nouvelle manipulation des espaces au service de l'idéologie monarchique.

---

68 *Cf.* Nielsen 1999, p. 23.

69 On lira une bonne analyse des palais de Pergame, et du « complexe » de l'Acropole, dans Nielsen 1999, p. 110.

70 Théocrite, *Idylle* XV, 23.

71 Glotz 1920, p. 169-222 ; citation, *cf.* p. 173.

Cette idéologie monarchique est-elle uniforme ou faut-il distinguer, comme le croit I. Nielsen, entre monarchie personnelle et monarchie nationale ? Si cette distinction se justifie politiquement, elle n'a guère de rôle à jouer dans l'analyse des palais : elle entraîne des simplifications abusives[72] qui viennent jeter un peu d'ombre sur des analyses souvent pertinentes, comme j'ai eu l'occasion de le montrer ci-dessus.

Je crois que l'on peut se servir d'autres documents pour évoquer les rapports entre la religion et le palais. Le décor des mosaïques comme celui du mobilier relève d'une clé de lecture mythologique et conduit à faire vivre le couple royal comme des dieux (cf. ci-dessous, p. 53-74).

72 Nielsen 1997, p. 141. Il ne sort vraiment rien d'utile d'une analyse des palais à travers une « grille de lecture » distinguant monarchies nationales et monarchies personnelles : par exemple, l'auteur prétend que les salles d'audience et les salles de banquet des premières seraient plus petites que celles des secondes ! Qu'est-ce que la taille vient faire en la matière ? Par ailleurs, pour en arriver à une pareille conclusion, il faut admettre que le dernier état de Pella, centre d'une monarchie « nationale » par excellence, correspond à une personnalisation de la monarchie macédonienne « à l'orientale », ce qui reste entièrement à prouver. À mon avis, les différences entre les deux types de monarchie ne s'expriment pas par des créations matérielles spécifiques (bâtiments ou autres).

BIBLIOGRAPHIE

Alföldi Andreas, 1935, « Insignen und Tracht der römischen Kaiser », *MDAI (R)*, p. 1-171.

Aranegui Carmen et Hassini Hicham (eds), 2010, *Lixus-3, Área suroeste del sector monumental (Cámaras Montalbán) 2005-2009*, Valencia.

Archibald Zofia H., 1985, « The gold pectoral from Vergina and its Connections », *Oxford Journal of Archaeology*, p. 165-181.

Bar Nathan Rachel, 2001, *Hasmonean and Herodian Palaces at Jericho III, The Pottery*.

Bernard Paul, 2001, « Aï Khanoum en Afghanistan hier (1964-1978) et aujourd'hui (2001) : un site en péril. Perspectives d'avenir (information) », *CRAI* 145, p. 971-1029.

Bonnet Corinne, 2015, *Les Enfants de Cadmos. Le paysage religieux de la Phénicie hellénistique*, Paris, De Boccard.

Borchardt Jürgen, 1990, « Die Residenzstadt des Königs Periklès », *IstMitt* 40, p. 109-144.

Borza Eugene et Palagia Olga, 2007, « The Chronology of the Macedonian Royal Tombs at Vergina », *Jahrbuch* 122, p. 81-123.

Brands Gunnar, 1996, « Halle, Propylon und Peristyl – Elemente hellenistischer Palastfassaden in Makedonien », dans Hoepfner, Brands, p. 62-72.

Burkhalter Fabienne, 1979, « Place de la toreutique alexandrine dans l'économie lagide ; sources papyrologiques », dans Bérard Claude (ed.), 1979, *Bronzes hellénistiques et romains. Tradition et renouveau. Actes du Ve Colloque international sur les bronzes antiques, Lausanne, 8-13 mai 1978*, *Cahiers d'archéol. romande* XVII, Paris, p. 69-85.

Carroll-Spillecke Maureen, 1989, Képos *: Der antike griechische Garten*, Münich.

Carroll-Spillecke Maureen, 1992, (ed.), *Der Garten von der Antike bis zum Mittelalter*, Mainz.

Chrysostomou Pavlos, 1996, « The Palace of Pella », *Μακεδονία και Θράκη*, 10A, 1996 (1998), p. 105-142.

Clarke Graeme, « The Governor's Palace, Acropolis, Jebel Khalid », dans Nielsen Inge, 2001, p. 217-218.

Coarelli Filippo, 2015, *Pergamo e il re, Forma e funzione di una capitale ellenistica, Studi ellenistici, Suppl* 3 (2016), Fabrizio Serra editore ; c.r. Greco, p. 325-328.

D'Ors Alvaro, 1953, *Epigrafía jurídica de la España antica*, Madrid, Instituto Nacional de Estudios Jurídicos.

Ducrey Pierre, Metzger Ingrid R. et Reber Karl, 1993, *Le Quartier de la maison aux mosaïques*, *Érétria* 8, Lausanne.

Étienne Roland, 2002, « La Macédoine entre l'Orient et l'Occident », dans Müller Christel et Prost Francis, (eds.), *Identités et cultures dans le monde méditerranéen antique, études en l'honneur de Francis Croissant*, Paris, p. 253-275.

Étienne Roland, 2003, « La politique culturelle des Attalides », dans Prost Francis (dir.), *L'Orient méditerranéen de la mort d'Alexandre aux campagnes de Pompée, Cités et royaumes à l'époque hellénistique*, p. 357-377.

Étienne Roland, 2004, *Athènes, Espaces urbains et histoire, des origines à la fin du IIIe siècle ap. J.-C.*, Paris, Hachette.

Étienne Roland, 2006, « Architecture palatiale et architecture privée en Macédoine, IVe-IIe s. av. J.-C. », dans Guimier-Sorbets Anne-Marie, Hatzopoulos Miltiade B., Morizot Yvette (dir.), *Rois, Cités et Nécropoles, Meletimata* 45, p. 105-116.

Étienne Roland, 2006, c.r. Larché François, 2005, dans *Topoi* 14, p. 335-343.

Étienne Roland, Frangié Dina et Salles Jean-François 2007, c.r. Netzer Ehud 2001, 2006, Bar Nathan 2001 dans *Topoi* 15, p. 727-753.

Étienne Roland, 2007, « Protocoles royaux », dans Berranger-Auserve Danièle (dir.), *Epire, Illyrie, Macédoine, Mélanges P. Cabanes, Erga* 10, p. 289-300.

Étienne Roland et Salles Jean-François, (dir.), 2010, *'Iraq al-Amīr, Guide historique et archéologique du domaine des Tobiades*, Ifpo.

Étienne Roland, Müller Christel et Prost Francis, 2014, *Archéologie historique de la Grèce antique*, Paris, 3e éd.

Étienne Roland, 2015, « Architecture palatiale ptolémaïque au IIIe s. », dans des Courtils Jacques (dir.), *L'Architecture monumentale grecque au IIIe siècle av. J.-C.*, Ausonius éditions Bordeaux, *Mémoires* 4, p. 269-282.

Étienne Roland, 2017, *Topoi* 21, p. 501-503, c.r. Picón, Henningway 2016.

Ginouvès René et Guimier-Sorbets Anne-Marie, 1994, « Voûte "galate" et charpente macédonienne », *RA*, p. 311-322.

Glotz Gustave, 1920, « Les fêtes d'Adonis sous Ptolémée II », *REG* 33, p. 169-222.

Von Graeve Volkmar, 1970, *Der Alexandersarkophag und seine Werkstatt, Istanbuler Forschungen*, 28.

Greco Emanuele, 2015, *Annuario* 15, p. 325-328, c.r. Coarelli.

Grüßinger Ralf, Kästner Ursula und Scholl Andreas (eds.), 2015, *Pergamon als Zentrum der hellenistischen Kunst. Bedeutung, Eigenheiten, Austrahlungen*, Petersberg.

Held Winfried, 2012, « Der Palast von Pergamon und seine Erweiterung unter Eumenes », dans Konuk Koray (ed.), *Stephanephoros, De l'économie antique à l'Asie mineure, Hommages à R. Descat*, Bordeaux, p. 301-307.

Hoepfner Wolfram, 1996, « Zum Typus der Basileia und der königlichen Andrones », dans Hoepfner, Brands (eds.), p. 1-43.

Hoepfner Wolfram et Brands Gunnar (eds.), 1996, *Basileia, Die Paläste der hellenistischen Könige, Internationales Symposion Berlin 1992*, Mainz.

Invernizzi Antonio, 2001, « Arsacid Palaces », dans Nielsen Inge, 2001, p. 295-312.

Isler Hans Peter, 1996, « Einflüsse der makedonischen Palastarchitektur in Sizilien ? », dans Hoepfner et Brands (eds.), p. 252-257.

Kaltsas Nikolaos, Vlachogianni Elena et Bougia Polyxeni, (eds), 2012, *The Antikythera shipwreck : the ship, the treasures, the mechanism*, Exposition Athènes, Archaeological Museum.

Knoepfler Denis, 1991, *La Vie de Ménédème d'Érétrie de Diogène Laërce*, Bâle.

Kottaridi Angeliki, 2011, « The palace at Aegae », dans Lane Fox Robin J. (ed.), *Brill's companion to ancient Macedon*, p. 297-333.

Kottaridi Angeliki, 2011b, « The royal banquet : a capital institution », dans *Heracles to Alexander the Great, Treasures of the Royal Capital of Macedon, A Hellenic Kingdom in the Age of Democracy*, Oxford, p. 167-180.

Kuhrt Amélie, Sherwin-White Susan (eds.), 1987, *Hellenism in the East, The interaction of Greek and non-Greek civilizations from Syria to central Asia after Alexander*, Londres.

Kyriakou Athanasia, 2014, « Exceptional Burials at the sanctuary of Eukleia at Aegae (Vergina) : the Gold Oak Wreath », *ABSA*, p. 251-285.

Larché François, 2005, *'Iraq al-Amīr*, II (*BAH* 172), Beyrouth, c.r. Étienne Roland dans *Topoi* 14 (2006), p. 335-343.

Lauter H., 1975, « Die beiden ältere Tyrannen Paläste in Larisa am Hermos », *BonnJb* 75, p. 33-57.

Le Bohec-Bouhet Sylvie, 1997, « Les monarchies hellénistiques », dans Bercé Yves-Marie (dir.), *Les Monarchies*, Paris, Puf, p. 53-82.

Leroux Gabriel, 1913, *Les Origines de l'édifice hypostyle, en Grèce, en Orient et chez les Romains*, Paris.

Manfrini-Aragno Ivonne, 1987, *Bacchus dans les bronzes hellénistiques et romains : les artisans et leur répertoire.*

Marzolff Peter, 1996, « Der Palast von Demetrias », dans Hoepfner et Brands (eds.), p. 148-163.

Micoff Vassil, 1954, *Le Tombeau antique près de Kazanlak*, Académie bulgare des sciences.

Moret Pierre, 1997, « L'architecture et l'urbanisme », dans *Les Ibères, de l'Andalousie au Languedoc, Dossier de l'Archéologie* 228, p. 42-47.

Müller Christel et Prost Francis (eds.), 2002, *Identité et culture dans le monde méditerranéen antique*, Paris, Éditions de la Sorbonne.

Netzer Ehud, 1996, « The Hasmonean Palaces in Palaestina », dans Hoepfner et Brands (eds.), p. 203-208.

Netzer Ehud, 2001, *Hasmonean and Herodian palaces in Jericho I, Stratigraphy and Architecture*, Jérusalem.

Netzer Ehud, 2006, *The Architecture of Herod the Great Builder*, Mohr Siebrek Ek.

Nielsen Inge, 1997, « Royal Palaces and Type of Monarchy : do the Hellenistic Palaces reflect the Status of the King ? », *Hephaistos* 15, p. 137-161.

Nielsen Inge, 1999, *Hellenistic Palaces, Tradition and Renewal*, Aarhus.

Nielsen Inge (ed.), 2001, *The Royal Palace Institution in the First Millenium BC, Monographs of the Danish Institute at Athens* 4.

Nielsen Inge, 2001a, "The Gardens of the Hellenic Palaces", dans Nielsen 2001, p. 165-185.

Nielsen Inge, 2015, *Herrschaftverhältnisse und Herrschaftlegitimation : Bau- und Gartenkultur als historische Quellen*, Berlin.

Ouadiah Asher, Peleg Rachel, 2006, « Some observations on the Role of the Middle Terrace of the North Palace of Herod at Masada », *RBi* 113, p. 321-326.

Pandermalis Dimitrios, 1976, « Beobachtungen zur Fassadenarchitektur und Aussichtsveranda im hellenistischen Makedonien », dans Zanker Paul (ed.), *Hellenismus im Mittelitalien*, p. 387-395.

Petsas Φ. M., 1966, Ο τάφος των Λευκαδίων, Η εν Αθήναις Αρχαιολογική Εταιρεία.

Picón Carlos A., Henningway Sean, 2016, *Pergamon and the hellenistic Kingdoms of the Ancient World*, Yale University Press, c.r. Étienne Roland 2017, p. 501-503.

Rapin Claude, 1992, *La Trésorerie du palais hellénistique d'Aï Khanoum, Fouilles d'Aï Khanoum* 8, Paris.

Roddaz Jean-Michel, Golvin Jean-Claude, 2014, *Hérode, le roi architecte*, Arles.

Roux George, 1963, « Le palais d'Aiétès au chant III des *Argonautiques* », *RevPhil*, p. 84-87.

Roux George, 1980, « Le chapiteau à protomés de taureaux découvert à Salamine de Chypre » dans *Salamine de Chypre. Histoire et archéologie : état des recherches, Lyon 13-17 mars 1978*, p. 256-274.

Schefold Karl, 1973, « Die Residenz von Larisa am Hermos im Licht neuer Forschungen », *The Proceedings of the Xth International Congress of Classical Archaeology*, Ankara, p. 549-564.

Schmidt-Colinet Andreas, 1996, « *Exedra duplex.* Elemente hellenistischer Palastarchitektur am Augustusforum und am Peterplatz », dans Hoepfner Wolfram et Brands Gunnar (ed.), p. 250-251.

Sherwin-White Susan, Kuhrt Amélie, 1993, *From Samarkhand to Sardis : a new approach to the Seleucid empire*, Londres.

Sonne Wolfgang, 1996, « Hellenistische Herrschaftsgärten », dans Hoepfner et Brands (eds.), p. 136-143.

Strandberg Olofsson Margareta, 1985, « Acquarossa zona F : la riconstruzione del complesso monumentale », dans S. Stoppani (dir.), *Case e palazzi di Etruria, Catalogo della mostra Siena 1985*, Milan, p. 54-58.

Burr Thompson Dorothy, 1956, *AJA*, p. 295-296, c.r. de Micoff 1954.

Thompson Dorothy J., 2013, "Hellenistic royal barges", dans K. Buraselis, M. Stefanou, D. J. Thompson, *The Ptolemies, The Sea and the Nile*, Cambridge, p. 185-196.

Thompson Dorothy J., 2017, « Outside the capital : the Ptolemaic court and its courtiers », dans Erskine Andrew, Llewellyn-Jones Lloyd et Wallace Shane (eds.), *The Hellenistic Court*, Swansea, p. 257-267.

Tondriau Julien, 1953, « Dionysos, dieu royal : du Bacchos tauromorphe primitif aux souverains hellénistiques Neoi Dionysoi », dans *Mélanges H. Grégoire*, IV, p. 441-466.

Touratsoglou Ioannis, 1996, *La Macédoine, Histoire. Monuments. Musées*, Ekdotike Athenon S.A.

Tréheux Jacques, 1987, « Sur le Néôrion de Délos », *CRAI*, p. 168-188.

Trendall Arthur D. et Cambitoglou Alexander, 1978, *The Red-figured Vases of Apulia I*, Oxford, Clarendon Press, Oxford University Press.

Tsimbidou-Avloniti Maria, 2006, « La tombe macédonienne d'Hagios Athanasios près de Thessalonique », dans Guimier-Sorbets Anne-Marie, Hatzopoulos Miltiade B., Morizot Yvette (eds.), *Rois, cités, nécropoles, Institutions, rites et monuments en Macédoine, ΜΕΛΕΤΗΜΑΤΑ* 45, p. 321-331.

Vallois René, 1923, *Le Portique de Philippe, EAD*, VII 1.

Villard François, 1998, « Le renouveau du décor floral en Italie méridionale au IVe siècle et la peinture grecque », dans *L'Italie méridionale et les premières expériences de la peinture hellénistique, Table ronde, Rome 1994*, p. 203-221.

Wilcken Ulrich, 1927, *Urkunden der Ptolemäer* I, Berlin. (*UPZ* I)

Winter Nancy. A., 1993, *Greek Architectural Terracottas*, p. 223-224.

Zarmakoupi Mantha, 2015, *Designing for luxury on the Bay of Naples : villas and landscapes* (100 BCE-79 CE), Oxford.

LUXE ROYAL

Nous n'avons pas l'intention de reproduire des descriptions souvent présentées des objets de luxe des cours royales grecques ou d'inventorier les bijoux que l'on a trouvés en fouilles. Nous nous consacrerons à une série bien définie, les trouvailles de la « tombe de Philippe II » de Vergina, pour essayer d'en comprendre le sens, d'élucider notamment l'idéologie ou les modèles qui expliquent les types d'objets et les choix iconographiques.

INVENTAIRE DE LA TOMBE DE PHILIPPE II[1]

Diadèmes	Un diadème en argent, plaqué d'or, est une pièce unique (diamètre extérieur 24-27 cm) : il est composé de deux tubes emboités, ce qui permet de l'adapter à la tête en l'ouvrant à volonté. Sur la partie arrière est gravé, au repoussé, un nœud dont les terminaisons semblent flotter au vent. Ce diadème était porté sur le chapeau macédonien, la *kausia*.
	Le diadème féminin en or, retrouvé dans le *larnax* du vestibule, est un chef d'œuvre de l'orfèvrerie : il se compose d'un rinceau complexe décoré de fleurs et d'animaux (abeilles et oiseaux), ci-dessous, p. 63-64 et Fig. 11.
Couronnes	Une couronne d'or (714 g.) a été retrouvée dans le larnax de la chambre ; elle couvrait la tête du roi sur le bûcher. Une couronne de myrte en or était déposée dans l'antichambre, contre le sarcophage.

1 Le tableau et son commentaire constituent une version révisée de Étienne, Muller, Prost 2014, p. 277-280.

Larnax	2 *larnax* en or, un grand (7,820 kg) et un petit (5,55kg) contenaient les ossements calcinés des défunts : ces coffres avaient pu servir, avant l'ensevelissement, de boites à bijoux. Sur le couvercle, soleil macédonien.
Tissu	Un tissu d'or et de pourpre entourait les ossements de la reine dans le petit larnax ; il était décoré d'une riche composition florale (Fig. 12).

FIG. 11 – Diadème en or trouvé dans le vestibule de la tombe de 'Philippe II' (Ginouvès 1993, fig. 143).

FIG. 12 – Tissu funéraire entourant les restes de la crémation dans l'antichambre de la « tombe de Philippe » (Ginouvès 1993, fig. 140).

ARMES DE PARADE

Bouclier	C'est le seul bouclier en or et en ivoire que l'on connaisse. Sur l'armature de bois, recouverte de cuir, étaient plaquées des feuilles d'or servant de fond au décor central en ivoire : une figure féminine est agenouillée devant un homme debout, nu, vêtu d'une tunique flottant au vent (Achille et Penthésilée ?). À l'intérieur du bouclier, sur des plaques d'or, victoires ailées, lions affrontés, massue d'Héraclès.
Goryte	Il s'agit d'un étui en argent doré qui protégeait un carquois en cuir pour arc et flèches. Le décor comprend quatre zones : une bande d'oies en plein vol, deux frises représentant de scènes de combats dans un sanctuaire (autel, statues), un kymation lesbique et une tresse, se terminant par une figure de guerrier en armes. Les scènes de combat ne sont pas identifiées : pour une *Ilioupersis*, il manquerait les scènes les plus représentatives. De tels objets, fabriqués par des artistes grecs, ont été retrouvés dans les tombes royales scythes. Il s'agit d'un cadeau ou d'une prise de guerre à la suite de la campagne de Philippe II contre les Scythes (339 av. J.-C.).
Pectoral	Il est composé de peau et de fer et recouvert d'une feuille d'argent doré ; le décor est essentiellement végétal sauf six médaillons représentant, quatre fois, un cavalier brandissant

	la lance et, aux extrémités, deux têtes juvéniles. Production thraco-macédonienne ; à la différence du *goryte*, il ne s'agit pas nécessairement d'un cadeau ou d'une prise de guerre.

ARMES DE COMBAT

Cuirasse	Cuirasse de guerre du défunt, en fer, composée de neuf plaques articulées et décorées, de feuilles d'or ; huit têtes de lion en or permettaient de passer les lacets maintenant les plaques. La cuirasse d'Alexandre sur la mosaïque de Pompéi est du même type.
Casque	Casque en fer de type macédonien ; tête d'Athéna sur le front.
Jambières	3 paires de jambières en bronze et une paire en bronze doré.
Épée	Le fourreau est décoré d'ivoire et d'or ; le pommeau est orné d'un casque macédonien en or, surmonté d'un sphinx et décoré d'un lion sur le protège joue. 2 épées ont été retrouvées sur la tombe dans la *pyra*.
Lances	6 pointes de lance et un *sauroter* (partie inférieure de la lance)
Instruments de bain	Plusieurs instruments sont en rapport avec les soins du corps : un trépied en fer et un chaudron en bronze pour faire chauffer l'eau, un récipient pour la puiser (*kados*) et divers vases pour la verser (un *prochous*, 4 tasses) ou la récupérer (bassine, *lékané* ou grand bassin en forme de bouclier). On a retrouvé aussi une éponge. Ces ustensiles ont été utilisés dans la vie quotidienne et ont pu être utilisés pour la toilette du mort.
Vaisselle de banquet	20 vases en argent, 2 en bronze et 6 en céramique appartiennent au service de table. Les vases en argent sont souvent en double exemplaire ; signalons la présence de deux coupes « achéménides », fabriquées localement (à l'intérieur de l'une d'elles, tête de Silène en relief), de deux amphores aux formes singulières dont les anses sont décorées d'une tête d'Héraclès et d'une tête de Pan et d'une passoire marquée du nom de Machatas (beau-frère de Philippe II ?). Dans la tombe du prince, la vaisselle de table en argent se compose de 29 pièces dont une assiette (type plat à poissons), qui n'est pas représentée dans la tombe de Philippe II.

Lits de banquet	Il s'agit, comme pour le bouclier, d'une pièce exceptionnelle : 14 petites têtes d'ivoire dont deux sont identifiées comme étant celle de Philipe II et d'Alexandre, appartiennent à une scène de chasse qui se détache sur un fond d'or. D'autres scènes figuraient Dionysos, assis sur une peau de panthère, face à Silène, une muse jouant de la lyre et deux Hermès barbus. Un lit de même qualité avait été placé dans la tombe du prince : il en reste, en ivoire, une scène à trois personnages faisant partie d'un cortège bacchique : Pan joue de la flûte devant un couple formé par un personnage nu, barbu et énivré, portant un bandeau sur le front (mitra) et tenant un thyrse ou un flambeau dans la main droite ; il est soutenu par une jeune femme couronnée, vêtue d'un himation et d'un chiton. Un autre élément du lit figure un personnage barbu, les bras en croix, vêtu d'une tunique à longues manches, dont le corps se termine par une acanthe (*cf.* commentaire, ci-dessous, p. 000 et Fig. 13)

FIG. 13 – Vergina-Aigai : Dionysos Sabazios,
plaque en ivoire dans la tombe du « Prince »
(J. Vocotopoulou, *Guide du Musée de Salonique* [1996], p. 180, Be 140).

AUTRES OBJETS

Trépied en bronze	Comme l'indique l'inscription gravée sur la partie circulaire, il s'agit d'un prix, remporté à un concours d'Argos, sans doute par un roi de Macédoine, vers 430-420 av. J.-C.
Porte-flambeau	Cet objet en bronze était décoré d'une tête de Silène
Porte-lampe	Objet rare en bronze, qui se présente comme un vase ovoïde, haut de 30, 5 cm pour un diamètre maximum de 20, 5 cm, dont les parois sont ajourées. Sous les anses, tête de Pan barbu.

Cet inventaire du contenu des tombes appelle plusieurs remarques :

– tous les objets énumérés n'ont pas la même date (trépied du Ve s. av. J.-C., ni la même valeur. Les pièces les plus rares (bouclier de parade, lits, bijoux...) côtoient des vases en bronze ou en céramique. Cet assemblage précieux mais hétéroclite n'est sans doute pas l'effet du hasard ;
– s'agit-il stricto sensu d'un mobilier funéraire ? On a fait la preuve que le mobilier ou la vaisselle précieuse avaient été utilisés avant d'être enfouis. Même les deux *larnax* d'or, qui contenaient les ossements, ont dû servir auparavant de coffre à bijoux.

Les pièces composant ce trésor ont dû être prélevées dans les salles du palais (trésor, salle de banquet, salle de bain...) pour être exhibées lors du cortège funèbre.

Les pièces de harnachement laisseraient entendre que, lors des cérémonies funéraires, des chevaux furent sacrifiés comme pour les funérailles de Patrocle (*Iliade* XXIV, v. 792-796). Ce n'est pas le seul témoignage de coutumes funéraires remontant à Homère, car le poète note que, dans le cas d'Hector, le corps fut brûlé, « puis frères et amis recueillent les blancs ossements, les déposent dans un coffret d'or en les recouvrant par de molles pièces de pourpre ».

Il ne fait donc guère de doute que la monarchie macédonienne a copié les pratiques funéraires homériques ; elle a aussi imité les objets de la civilisation matérielle les plus significatifs.

Passons rapidement sur les armes, tant est évidente la comparaison entre les armes de parade retrouvées dans la tombe, dont un somptueux bouclier décoré d'or et d'ivoire, et l'armure fabriquée par Héphaistos pour Achille : est-ce un hasard si la scène centrale du bouclier macédonien évoque sans doute le héros lui-même aux prises avec la reine des Amazones[2] ?

Le mobilier – formes et matériaux – mérite une mention, même si les lits de banquet n'ont pas encore été publiés, du moins ce qui concerne les scènes figurées[3]. Il suffit de rappeler que métaux précieux et ivoire sont par excellence les composants privilégiés du mobilier des palais homériques ; le trône de Pénélope était même signé d'un artiste connu (*Odyssée* XIX, 56-58) :

> Œuvre d'Icmalios, ce siège était plaqué d'ivoire et d'argent ; en bas, un marchepied y tenait, recouvert d'une épaisse toison.

Non seulement la matière, mais la forme même du mobilier s'inscrit dans des séries homériques banales : le tabouret pour poser les pieds, qui, pour les Orientalistes, évoque immanquablement le Grand roi assis en majesté figurant sur les reliefs de Persépolis[4], trouve, comme on vient de le voir, des antécédents dans le monde des héros[5].

La richesse des services de table, qui est une innovation dans la Macédoine du IVe s., trouve son pendant chez Homère où le rite du banquet aristocratique et l'offrande de vases précieux font partie des pratiques sociales courantes[6] : faut-il rappeler qu'au cours de ces banquets Alexandre et ses compagnons récitaient des vers d'Homère[7] ? Mais, objectera-t-on, ces services de table comportent des gobelets dont le modèle est assurément achéménide : n'est-ce donc pas la preuve manifeste des emprunts à l'Orient et de la dépendance matérielle et idéologique de la Macédoine par rapport à la Perse ? Il n'en est rien et je crois au contraire

2 Andronicos 1984, p. 131-135.

3 L'esquisse qui en est donnée dans le livre de Andronicos 1984, p. 122, fig. 75 est sans grand rapport avec la réalité ; *cf.* les indications de Rolley 1999, p. 350.

4 Briant 1991, p. 212 n. 3 : « il s'agit là d'un mobilier (*le tabouret de pied*) apparemment très spécifique du Grand roi, comme le montrent les reliefs de Persépolis… » ; il s'agit du trône trouvé dans la tombe d'Eurydice, *cf.* Ginouvès 1993, p. 154-160.

5 *Cf.* Laser 1968, p. 42-43 pour le siège de Pénélope et en appendice, dans le même volume, une étude de Karagheorgis sur les trônes plaqués d'ivoire de Salamine, p. 99-103.

6 Murray, 1983, p. 195-199 ; *cf.* aussi les remarques intéressantes de Rathje 1990, p. 279-288 et Van Wees 1995. Cependant les pages de Finley, 1978, p. 73-87 (sur les cadeaux et le don) et p. 153-156 (sur le banquet) restent fondamentales.

7 Plutarque, *Moralia*, 331 c-d, *Sur la fortune d'Alexandre* ; *cf.* Völcker-Janssen 1993, p. 78-81 et Murray 1996. Sur les salles de banquet dans les palais hellénistiques, *cf.* Hoepfner 1996, p. 1-43 et les remarques critiques de Étienne 1998, p. 347-355.

que l'exemple des gobelets achéménides permet de fixer exactement les rapports entre la Macédoine et l'Orient. Il s'agit en effet, comme le propose M. Pfrommer[8], d'imitations locales de vaisselle achéménide, qui prouvent seulement que les ateliers royaux de Macédoine copiaient les productions prestigieuses ou symboliques de la Perse, comme, à un autre siècle, a été imitée la porcelaine chinoise, sans pour cela que l'Europe se soit orientalisée. En tout cas, la pratique consistant à emporter dans la tombe des services de table précieux concerne la région thraco-macédonienne à partir du IVe s. et non point le lointain Orient[9]. Il me semble que, sur cet exemple, on comprend mieux la variété des éléments menant à une synthèse originale, caractérisant l'idéologie royale macédonienne au IVe s.

La vaisselle de bronze relève, elle aussi, des pratiques liées au soin du corps, que l'on retrouve dans l'épopée, qu'il s'agisse d'un emprunt direct ou de coutumes locales, imitées des Grecs de la cité. On a placé dans l'angle Sud-Est de la chambre funéraire de "Philippe II" un ensemble d'instruments qui comprenait, un trépied de fer, un chaudron en bronze pour faire chauffer de l'eau, un récipient pour la puiser (*kados*) et divers vases pour la verser (un *prochous* et quatre tasses), ou la récupérer (bassine, *lékané* et grand bassin en bronze en forme de *lékané*[10]) ; à cela s'ajoutait une éponge. Les héros homériques disposaient eux aussi d'un service approprié pour laver le corps ou pour en nettoyer les seules extrémités. On procède au nettoyage du cadavre avec de l'eau chauffée dans un trépied (*Iliade* XVIII, 343 *sq.*) ; l'éponge est utilisée pour les soins du corps, mais pas nécessairement avec l'usage d'eau (*Iliade* XVIII, 414-415) et les vases de toilette pour les mains sont décrits avec soin (*Odyssée* I, 136-138)[11] :

> Vint une chambrière qui, portant de l'eau dans une aiguière en or et du plus beau, la versa dans un bassin d'argent pour qu'ils se lavent et dressa devant eux une table polie.

Pratiques sociales et rites funéraires, civilisation matérielle et idéologie qui la sous-tend, rien ne semble vraiment différencier le monde des rois et celui des héros. De cela ne nous étonnons pas, car il ne s'agit pas d'une

8 Pfrommer 1987, p. 55 *sq.*

9 Archibald 1998, p. 260-281 sur la vaisselle de table du IVe s. en Thrace.

10 Phaklaris 1994 prouve que ce qui a été pris par M. Andronicos pour un bouclier ou son étui est en fait un bassin de bronze pour la toilette.

11 Sur ce point, *cf.* les études minutieuses de l'*Archaeologia homerica* : Andronicos, 1968, p. 2-4 et Laser, 1983, p. 135 *sq.*

simple coïncidence mais d'un choix délibéré de la part des souverains pour faire communiquer les deux univers et insérer les nouvelles formes du pouvoir dans une tradition légendaire, susceptible de cacher sous un habillage grec et d'atténuer, par appel à un modèle reconnu de tous, les tensions nées de l'évolution des rapports de force à l'intérieur de la société.

Il n'y a à mon sens qu'un type d'objet et une série d'images qui « résistent » à une interprétation « homérisante » : le diadème à rinceaux de la reine, retrouvé dans la tombe de Philippe II, n'est pas une pièce qu'auraient portée les Hélène ou les Pénélope – la civilisation homérique ne connaissant pas ce type de coiffure féminine ni de décor[12] –, et, par ailleurs, les représentations de personnages féminins et masculins, dont le corps se termine en acanthe ou se développe en de riches rinceaux, ne trouvent pas de parallèles dans les textes épiques. C'est la multiplication de ces représentations végétales qu'il faut maintenant expliquer : on montrera à nouveau que les modèles n'en paraissent pas en tout cas « orientaux ».

DES ROIS ET DES FLEURS AU IVe S. AV. J.-C.[13]

LE DÉCOR FLORAL

Il me semble que l'on ne s'est guère soucié de rapprocher trois documents qui, tous les trois, portent des décors floraux, à savoir : le diadème de la tombe de Philippe II, retrouvé dans le *larnax* du vestibule (Fig. 11), le vêtement de pourpre et d'or contenu dans le même coffret (Fig. 12), et les mosaïques à décor floral du palais de Vergina ou de Pella[14] (Fig. 14). On pourrait objecter qu'il n'y a pas d'autre rapport entre ces œuvres que la réutilisation, sur trois supports différents, de motifs végétaux et qu'il s'agit d'un phénomène de mode décorative, qui multipliait les fleurs sur différentes surfaces : le grand *larnax* lui-même n'est-il pas orné de

12 Je ne pense pas que ce puisse être ce que les textes homériques appellent ἄμπυξ, *cf.* Bielefeld 1968, p. 2.

13 Il s'agit d'une version révisée de Étienne 2002, p. 261-275.

14 Les meilleures illustrations, à ma connaissance, sont données dans Ginouvès 1993, fig. n° 103-104, 115 (mosaïque de l'*andrôn* à Vergina), 116 (tholos de Pella), n° 117, 108 (Pella), n° 139 (*larnax*), n° 140 (tissu), n° 143 (diadème).

rinceaux sur le devant ? Qu'il s'agisse d'une mode, comment ne pas en convenir, quand notre propre culture multiplie les mêmes signes sur tous les supports et couvre les vêtements des enfants, leurs jouets, leurs cahiers et les murs de leurs chambres des personnages de Walt Disney ou de Lucky Luke ? Mais la différence est, qu'en Macédoine, c'est le centre du pouvoir qui adopte cette mode florale, la diffuse et l'applique à des lieux et des objets bien particuliers : peut-on penser qu'il ne s'agisse que d'une affaire de goût ? C'est ce dont on peut douter à la lumière d'expériences plus récentes : est-ce une simple affaire de goût si les fleurs de lys, les abeilles ou les aigles se multiplient sur les objets les plus divers, produits dans des ateliers royaux ou impériaux de l'époque moderne ? Dans ce dernier cas, nous disposons des clés du symbolisme, alors que, pour la Macédoine, il resterait à les découvrir : en d'autres termes, comment peut-on expliquer cette diffusion massive de décors floraux dans les capitales, à Pella et à Aigai-Vergina, au IVe s. ? Un examen plus précis des données pourrait suggérer une solution à ce problème.

FIG. 14 – Vergina-Aigai : mosaïque de la salle E (Ginouvès 1993, fig. 103).

Après l'étude de S. Drougou sur les étoffes, qui entouraient les ossements de la reine, on se fait une meilleure idée de l'aspect primitif de ces tissus et de leur fonction[15]. En effet, la pièce de pourpre, partout reproduite, a une forme trapézoïdale Fig. 12), due à une première restauration, mais il semblerait en fait que le vêtement, auquel elle appartenait, ait été originairement un châle composé de deux pièces rectangulaires. Sur l'une d'elles, la mieux conservée, se déploie un motif floral fortement composé : des fleurs jaillissent d'un culot d'acanthes, sur deux étages, et se déploient selon un axe vertical ; la composition est parfaitement symétrique. Outre l'acanthe, on croit reconnaître des fleurs de la famille des lys, des roses et des volubilis en forme de cloches. Deux oiseaux affrontés, posés sur une tige recourbée, terminent la composition : ils présentent des corps allongés comme des hirondelles ou des colombes[16]. En fait, fleurs ou oiseaux, les spécialistes de ce type de décor hésitent à identifier les espèces[17] ; il serait pourtant intéressant d'obtenir plus de précision en cette matière, car cette identification aiderait, comme on le verra, à interpréter le motif, même si l'incertitude qui subsiste sur les détails, ne gêne pas, à mon sens, l'interprétation de l'ensemble.

Lorsque la reine portait en même temps que ce châle de pourpre le diadème retrouvé dans le même coffret, elle devait ressembler à un véritable bouquet de fleurs printanières[18]. Ce diadème est une pièce tout à fait

15 Drougou 1987.

16 Andronicos 1984, p. 192 considère ces volatiles comme des hirondelles ; elles seraient bien à leur place dans un ensemble printanier, comme nous le suggérons ci-dessous.

17 Pfrommer 1982, p. 120-123 préfère donner des dessins plutôt que d'identifier des essences ; de mêmes difficultés sont exprimées par Drougou 1987, p. 314.

18 Est-ce que ce sont des objets à stricte vocation funéraire ou est-ce qu'ils étaient utilisés du vivant du défunt ? Une partie du mobilier de la tombe porte incontestablement des marques d'usure et a donc été utilisée dans la vie quotidienne. Il est évident que le diadème n'a pas été fabriqué pour les funérailles et que le vêtement de pourpre n'a pas été tissé au moment de l'enterrement ; la rapidité de l'ensevelissement rend impossible une pareille hypothèse. Ces objets étaient donc fabriqués dans les ateliers royaux du vivant de leur propriétaire : étaient-ils stockés ensuite en vue de funérailles ? On ne dispose pas, à ma connaissance, de textes explicites sur le vêtement et la parure des reines macédoniennes lors des cérémonies. Par ailleurs, on ne doit pas s'étonner que ces objets n'aient été trouvés que dans des contextes funéraires : il faudrait retrouver un palais du IVe s. pour se faire une idée du mobilier qui y était conservé. Sur les représentions figurées, les reines d'Égypte portent le diadème haut, mais peut-être seulement après leur mort et après leur « apothéose » *post mortem* : *cf.* Thompson 1973, p. 28-29. Sur la tombe de Kazanlak, la « reine », assise sur un trône auprès de son époux, porte un diadème (Micoff 1954, pl. IX 2 ; XII, 1) ; le repas auquel elle assiste est-il un banquet funéraire ? Pour Thompson *AJA* 1956, p. 295-296 il s'agit d'un banquet

exceptionnelle et bien difficile à décrire (Fig. 11)[19]. Il déploie des spirales compliquées de part et d'autre d'un axe central, fortement marqué, au sommet, par trois fleurs dressées sur des spires retenues par une feuille d'acanthe verticale, au centre, par un nœud d'Héraclès et, tout en bas, par quatre pendentifs terminés par des boules qui retombaient sur le front. Les feuilles d'acanthe (?) sont plutôt petites et discrètes par rapport aux rinceaux et au décor floral. À défaut de reconnaître des espèces avec certitude, on peut distinguer au moins cinq types différents de formes végétales : fleurs à double couronne de pétales étroits et bouton central (roses ?), disque large avec, au centre, un pistil et des étamines formant une petite couronne florale (anémones ?), fleurs à cinq pétales larges bien écartés (asphodèles ?), sorte de palmettes plus ou moins complexes (famille du lis ?), boutons pointus, portés de façon plutôt fantaisiste par différents supports ; signalons que l'on ne reconnaît pas de myrte, dont est faite pourtant une autre couronne abandonnée sur le sol de l'antichambre[20]. Toutes (?) les fleurs étaient colorées d'une pâte bleue et elles étaient souvent montées sur des tiges formant des sortes de ressorts, qui devaient vibrer au moindre mouvement de la tête. Des abeilles sont représentées en train de butiner, tandis que, dans l'axe, un tout petit oiseau a fait son nid au cœur d'une fleur. Le diadème était fermé par une attache en tête de lion.

C'est la même luxuriance florale et la même imagination créatrice que l'on retrouve sur les mosaïques florales de Pella et de Vergina. La première est très géométriquement structurée, comme une rose des vents, par de larges entrelacs terminés en palmettes qui suivent les axes et les diagonales, selon le schéma même du soleil macédonien ; à l'intérieur et à l'extérieur des entrelacs, des fleurs de formes diverses remplissent les espaces. Ce tapis de sol était précédé d'un tableau représentant une centauresse buvant dans un rhyton, la scène étant placée dans un paysage entre un arbre et une grotte.

La composition florale de l'*andrôn* de Vergina (Fig. 14), assez bien conservée, appelle deux remarques : les boutons pointus sortant d'une corolle de fleur évoquent ceux du diadème et, si le schéma d'ensemble

de noces. J'ai déjà souligné la polyvalence des scènes figurées et des objets découverts dans la tombe. Je me crois autorisé à supposer une utilisation du vêtement et du diadème lors de cérémonies du vivant de la reine ; mais, même dans le cas contraire, la signification du symbolisme n'en serait pas modifiée, Perséphone-Koré étant par excellence la déesse du passage entre deux mondes et pouvant incarner aussi des valeurs royales.

19 Andronicos 1984, p. 196-197.

20 *Cf.* pour la couronne de myrte, Tsigarida 1987.

paraît plus souple qu'à Pella, il est en fait, là aussi, constitué par une série de huit entrelacs, répartis selon une rose des vents. Cependant, l'originalité la plus remarquable de la mosaïque de Vergina consiste dans la présence, aux angles, de figures féminines, coiffées d'un *polos* dont le corps se termine par des enroulements végétaux et qui saisissent dans leurs mains les tiges dont elles sont entourées (Fig. 12) : ces figures sont désignées par nos collègues allemands comme la "Rankengöttin" ou "déesse aux rinceaux", faute de pouvoir lui donner un nom plus précis[21].

FIG. 15 – Vergina-Aigai : mosaïque de la salle E, « Rankengöttin » (Ginouvès 1993, fig. 104).

21 *Cf.* ci-dessous, p. 69-71.

Sommes-nous condamnés à décrire plutôt qu'à interpréter ce genre de motif ? Certes, nous ne disposons pas de textes aussi clairs que ceux dont se sert G. Sauron pour interpréter les rinceaux de l'Ara Pacis et se livrer à une magistrale explication du symbolisme des décors végétaux d'époque augustéenne[22]. Pourtant, on a sans doute mal exploité quelques passages d'auteurs presque contemporains des créations macédoniennes et qui en révèlent le sens.

PRAIRIES DIVINES

Ces textes se rapportent aux salles de banquet royales dont on a quelques descriptions célèbres[23]. Ptolémée II avait fait dresser à Alexandrie une tente pour abriter ses hôtes pour les Ptolemaieia de 275 av. J.-C., dont Callixène de Rhodes nous a laissé une description émerveillée (Athénée V, 196 d-e)[24] :

> L'espace qui l'entourait était couvert de myrte, de lauriers et d'autres plantes adéquates ; le sol était entièrement jonché de toutes sortes de fleurs, car l'Égypte, grâce à la douceur de l'air ambiant et grâce à ses jardiniers, produit en abondance et toute l'année des plantes qui, en d'autres lieux, sont rares et de saison, si bien qu'il est difficile de n'y trouver ni roses, ni giroflées, ni autres fleurs ; ainsi, alors que la réception se déroulait en plein hiver, les étrangers n'en croyaient pas leurs yeux ; les fleurs que l'on a du mal à trouver dans les autres villes pour une seule couronne, étaient fournies à la foule des participants en abondance pour leurs couronnes et jonchaient le sol de la tente, donnant vraiment l'impression d'une divine prairie (*theios leimôn*).

Dans ce texte, l'Égypte est représentée, selon un topos habituel de l'époque, comme le paradis sur terre et cet aspect paradisiaque est lié à l'abondance des fleurs en toutes saisons. Ptolémée II en profite donc pour étonner ses contemporains en déversant en abondance des fleurs sur le sol de sa salle de banquet. Mais l'aspect égyptisant de la scène s'arrête là, et il est important de souligner que nous sommes en plein contexte culturel grec et même macédonien : les Lagides descendent en ligne directe d'une grande famille de Macédoine et la fête des Ptolémaieia,

22 Sauron 2000.

23 Börker 1978 cite aussi et étudie les textes que j'utilise mais son propos est de montrer que la mosaïque florale n'est pas une invention attique, datant de Démétrios de Phalère.

24 *Cf.* l'édition et le commentaire général de Rice 1983 et les extraits commentés dans Étienne, Muller, Prost 2000, p. 290-291.

célébrant Ptolémée I divinisé, s'adresse au milieu grec, local et étranger. Exagérerions-nous en suggérant que les mosaïques florales de Pella et de Vergina répondent aux vœux d'une aristocratie, rêvant de disposer pour ses banquets de parterres floraux pérennes ; ne pouvant disposer de fleurs toute l'année comme en Égypte, ils transformèrent les sols en tapis végétal. C'est exactement ce que fit, à la même époque, le célèbre Démétrios de Phalère, qui après avoir "tyrannisé" Athènes servit de ministre à Ptolémée en Égypte (ATHÉNÉE XII, 542, c-d) :

> il dépassait les Macédoniens par ses dépenses pour les banquets et les Chypriotes, comme les Phéniciens, pour son raffinement ; des effluves de parfum tombaient par terre et, dans les salles de banquet, de nombreux sols avaient été décorés par les artistes avec des fleurs variées.

L'abondance des fleurs en toute saison s'insère dans ces pratiques sociales liées à la *tryphé*, terme qui caractérise à la fois le luxe et les plaisirs "royaux". Mais en nous en tenant à ce niveau d'explication, nous n'avons pas épuisé la signification du texte de Callixène : il compare en effet ces jonchées de fleurs à une "divine prairie". À l'époque de l'auteur, le terme de "divin" (*theios*) pourrait n'avoir aucun rapport avec le sacré proprement dit et ne signifier, comme c'est le cas dans nos langues européennes, qu'une prairie "admirablement jolie"[25]. Mais il faut, je crois, ne pas affadir la signification de "divine prairie" et ne pas trop laïciser l'expression que l'on retrouve dans le vocabulaire poétique et dans des contextes où se tissent des relations entre ce monde des fleurs et le monde des dieux.

Dans l'hymne homérique à Déméter, le rapt de Perséphone était mis en scène de cette façon (*Hymne à Déméter*, v. 417 *sq.*) :

> Nous étions toutes dans une charmante prairie (*himertos leimôn*)...nous jouions et cueillions de nos mains des fleurs charmantes, tout à la fois les tendres crocus, les iris, les jacinthes, les boutons des roses, les lis qui éblouissent les yeux, et aussi le narcisse que la vaste terre fit pousser comme la fleur du safran...

À cette cueillette participent les Nymphes, compagnes de Perséphone, auxquelles se sont jointes Athéna et Artémis ; comment ne parlerait-on pas alors de divine prairie *stricto sensu* ? De son côté, Diodore de Sicile nous livre une évocation comparable de la prairie d'Enna en Sicile où

25 C'est le cas de la traduction de Charles Burton Gulick dans la Loeb, Athénée, *Deipnosophistes* II (1928), p. 391 : « truly presenting the picture of an extraordinary beautiful meadow ».

il situe le rapt de la déesse : le parfum des fleurs y était si fort que les chiens étaient incapables d'y flairer le gibier[26].

Ces descriptions ne sont pas sans évoquer la luxuriance des mosaïques ou du diadème[27] ; sur ce dernier, nous avons bien affaire à la même débauche d'espèces printanières que les abeilles sont en train de butiner. Cette présence des abeilles ne nous donne pas seulement une indication sur la saison, elles me semblent encore rapprocher les prairies divines des grandes divinités éleusiennes. En effet, les abeilles sont par excellence liées à Déméter, comme l'a bien montré M. Detienne :

> En effet, les femmes mariées qui prennent part aux Thesmophories portent le titre rituel de Mélissai, d'Abeilles de Déméter, et l'un des traits distinctifs de cet insecte, qui symbolise sur le plan animal la femme-emblème des vertus domestiques, c'est d'éprouver une véritable horreur des parfums et une aversion insurmontable à l'égard des séducteurs et des débauchés[28].

Est-ce en ce sens qu'il faut interpréter le nœud d'Héraclès, qui, en tout cas à Rome, tenait la robe de la mariée et devait être délié lors des noces ? Si tel était sa signification, nous serions, avec ce diadème, entièrement du côté des valeurs domestiques, incarnées par Déméter et Koré[29].

J'ai fait remarquer que parmi les essences du diadème, il n'y avait pas de myrte, qui constitue une autre couronne, mais qui appartient à un autre domaine de référence, celui justement de la séduction et qui place le bijou dans la sphère d'Aphrodite[30]. Double nature de la reine, selon les circonstances ou les saisons, tantôt Déméter-Korè, tantôt Aphrodite ?

---

26 Diodore de Sicile, V, 3, 2-3 ; les textes de l'hymne à Déméter et de Diodore sont bien analysés par Chirassi, 1968, p. 91-124. Sur la valeur des images de la prairie, *cf.* l'excellente étude de Motte 1973, et p. 31-35 sur le caractère divin des prairies.

27 Je ne prétends pas que les textes que je cite règlent réellement le problème historique de l'apparition du décor végétal sur les mosaïques ; à tout le moins, et c'est ce qui importe ici, ils donnent l'interprétation de ces décors pour des contemporains. Pour une histoire de ces motifs floraux en mosaïque, *cf.* Guimier-Sorbets 1993 et ci-dessous, p. 70 n. 40.

28 Detienne 1972, p. 154-155.

29 Une simple référence au héros tutélaire de la dynastie, placée de façon aussi allusive sur le front de la reine, me paraîtrait un peu curieuse, sinon déplacée. L'allusion à l'Héraclès macédonien est pourtant clairement affirmé par Pfrommer 1987, p. 4-6, qui consacre 80 pages à l'utilisation de ce nœud dans la toreutique : « Der Heraklesknoten in der hellenistischen Goldschmiedkunst », *Ibid.*, p. 4-80. Sur le rôle de ce nœud dans le rituel romain du mariage, *cf. Dictionnaire des Antiquités*, s.v. Junones, III (1899), 690 b. et son emploi dans l'iconographie, Sauron 2000, p. 110.

30 Detienne 1972, p. 122-123.

L'hypothèse me semble séduisante et la présence bien attestée du culte des deux divinités en Macédoine autorise en tout cas à la formuler[31].

Il ne fait, à mon sens, aucun doute que les tapis de sol, comme les bijoux, obéissent à des codes culturels assez précis et que leur analyse ne relève pas seulement de l'histoire du beau, même s'il s'agit de pièces d'une qualité artistique exceptionnelle.

LA DÉESSE MACÉDONIENNE AUX RINCEAUX

Si le rapprochement entre la reine et le couple Déméter-Koré paraît tout à fait justifié, ne faudrait-il pas sortir maintenant de l'ombre la déesse végétale par excellence, celle qui apparaît en tant que telle sur le matériel figuré macédonien, à savoir la *Rankengöttin*. N'est-ce pas plutôt à elle que la reine pourrait ressembler avec son châle floral et son diadème en forme de prairie printanière ?

LES MÉTAMORPHOSES DE LA DÉESSE AUX RINCEAUX

Il est hors de propos de reprendre ici, dans leur ensemble, les problèmes liés à la *Rankengöttin* sur lesquels des chercheurs très compétents se sont encore récemment exprimés[32]. Nous nous contenterons d'évoquer le matériel proprement thraco-macédonien et nous nous interrogerons sur son originalité et son "autochtonie", réelle ou revendiquée.

Dans la capitale, à Aigai-Vergina, la déesse, coiffée d'un polos et dont le corps se termine par des enroulements végétaux, figure, comme il a déjà été dit, sur une mosaïque du palais Fig. 14)[33] ; elle orne aussi le fronton d'une stèle funéraire retrouvée dans le grand tumulus[34]. Son

31 Ginouvès 1993, p. 106-117 ; Λιλιμπακη-Ακαματη 1996(Déméter) et Λιλιμπακη-Ακαματη 2000 (Aphrodite). Signalons les pigeons offerts en ex-voto à Déméter, qui pourraient expliquer la figuration de ces oiseaux sur le tissu et sur la couronne (mais il s'agit peut-être d'hirondelles, ci-dessus, n. 169) : Λιλιμπακη-Ακαματη 1996, p. 70 et 77.

32 Pfrommer 1990, p. 73-76 dresse une liste avec carte des représentations de la *Rankengöttin* ; *cf.* aussi Guimier-Sorbets 1999, p. 27 et 30-31.

33 Guimier-Sorbets 1993, p. 118-119, fig. 103-104.

34 Σαατσογλου-Παλιαδελι 1984, n. 20, 152-159. ; Ginouvès 1993, p. 230, fig. 200. Elle figure aussi comme décor d'un des lits en ivoire sur de petites plaques en or qui ne sont pas publiées.

parèdre, dont il sera question ci-dessous, le dieu barbu au bas du corps végétalisé, décore une des frises du lit royal dont les fragments ont été retrouvés dans la tombe "du Prince"[35].

Si l'on sort de la capitale macédonienne, on retrouve la même déesse en Chalcidique, à Olynthe, sur une mosaïque[36] : mais, placée entre deux sphinx doubles, elle s'identifierait là à une déesse des animaux, à une *potnia thérôn*. En Thrace, dans une tombe "macédonienne" du début du IIIe s., elle prend la forme de caryatides, qui, au nombre de dix, soutiennent l'entablement à l'intérieur de la chambre funéraire[37]. Plus loin vers l'Est, la déesse orne des sarcophages en bois, provenant de la presqu'île de Kertch[38].

Pour les uns, il s'agit d'un motif "oriental"[39], alors que d'autres soulignent au contraire les liens avec la Grande Grèce et les nombreuses représentations de déesses sur la céramique, réduites le plus souvent à la seule tête, entourée de décors végétaux luxuriants. C'est avec de bons arguments que M. Pfrommer et Fr. Villard se sont faits les défenseurs de cette voie occidentale[40] en soulignant clairement que les rinceaux macédoniens ne trouvaient leur parallèle que dans l'orfèvrerie de Tarente ou le décor des vases apuliens. La thèse est séduisante car les rapports entre la Macédoine et la Grande Grèce sont bien attestés et l'on a pu montrer que circulaient entre les deux régions les artistes comme les œuvres[41]. Mais ce n'est pas le seul foyer qui pourrait revendiquer une "influence".

De l'autre côté, vers l'Est, la déesse aux rinceaux macédonienne n'entretiendrait-elle pas des rapports étroits avec la déesse au serpent à

35 Vocotopoulou 1996, p. 180, Be 140.

36 Robinson 1933, p. 10, Pl. VI, A ; Salzmann 1982, n. 84.

37 Fol 1986.

38 Watzinger 1905, p. 37-38, n. 13, fig. 66 : la déesse est ailée. Je laisse de côté la « Grosse Göttin » du sarcophage d'Alexandre : pour von Graeve 1970, p. 42-45, cette tête ceinte d'une couronne de feuilles et flanquée par deux « roses » est une déesse de la végétation à caractère funéraire ; tout le décor végétal du sarcophage (frise de vigne) serait à interpréter en ce sens.

39 Guimier-Sorbets 1999, p. 30-31.

40 Pfrommer 1982 et Villard 1998 ; sur les *Rankengöttinen* occidentales, Schauenburg 1957, p. 204 *sq.* Guimier-Sorbets 1993, pense au contraire que l'origine des décors floraux sur mosaïque est sicyonienne ; à Dyrrachium, je pense, comme M. Pfrommer, que la composition à tête coupée dans un décor de rinceaux relève du groupe occidental ; pour Sicyone, les datations sont controversées : soit première moitié du IVe s. (Salzmann, 1982, n° 116-122 et Guimier-Sorbets 1993), soit après la refondation de la ville par Démétrios Poliorcète en 303 av. J.-C., Pfrommer 1982, p. 133-134, expliquant par-là les caractères « macédoniens » de la composition. Pour moi, le problème de l'origine est second, ce sont la diffusion du motif en Macédoine et sa signification qui importent.

41 Torelli 1985.

laquelle Héraclès s'unit dans son périple scythique[42] ? Ainsi, sur une série d'objets d'orfèvrerie, découverts en Thrace, les enroulements végétaux du corps des déesses se terminent en tête de reptile[43].

Les séries occidentales, "orientales" et macédoniennes présentent, à mon sens, trop de différences pour que l'on puisse faire l'amalgame et réduire l'une à l'autre par un simple jeu d'influences réciproques. Entre un Occident où les déesses sont réduites à leur face et un "Orient" où leurs corps se terminent comme celui d'un reptile, n'y aurait-il pas de place pour une divinité "autochtone", au corps en forme d'acanthes, maîtresse de la végétation plutôt que des animaux ? En fait la situation est plus complexe puisque les "têtes coupées" dans des rinceaux sont aussi bien représentées en Macédoine même (peinture de tombes[44]) et dans l'aire thraco-macédonienne (pièces d'armure).

Ces hausse-cols ou pectoraux décorés, du même type que celui découvert dans la tombe de Vergina, appartiennent en propre à la panoplie thraco-macédonienne et sortent de fabriques locales[45]. Le pectoral de Vergina est décoré d'un "cavalier thrace", tandis que deux autres, trouvés dans des tombes thraces, sont ornés de rinceaux se déployant à partir d'une tête féminine placée au centre, Fig. 16) ; il s'agit dans les trois cas de pièces appartenant à une armure de parade[46]. Dans la panoplie du guerrier, le rôle de ces pièces est suffisamment important ou symbolique pour qu'un exemplaire en soit conservé dans le trésor royal de la capitale, ce qui permet de croire que le décor n'est pas dû à l'effet du hasard ou au goût personnel du fabricant : la tête aux rinceaux, susceptible de remplacer le cavalier thrace comme symbole, devait disposer de pouvoirs très forts pour qu'on osât placer cette effigie sur une pièce aussi visible de l'armure. Doit-elle être assimilée à la déesse au corps végétal ? C'est ce que l'on n'est pas en droit d'affirmer. À celle-ci en tout cas semble correspondre une divinité masculine que l'on sait nommer.

---

42 Hérodote, IV, 9 : « Là, il (Héraclès) aurait trouvé une jeune fille serpent formée de deux natures ; les parties supérieures de son corps, à partir des hanches, étaient d'une femme ; les parties inférieures d'un reptile ».

43 La liste en est dressée avec illustrations par Guimier-Sorbets 1999, p. 30-31.

44 Sur la tombe de Néa Méchaniona (IVe s. av. J.-C.), *cf.* Guimier-Sorbets 1993, p. 140 ; signalons que le décor en ivoire sur les montants des lits de Vergina, tel qu'il est présenté aujourd'hui dans le musée de site, présente un décor végétal partant de figures réduites à des têtes.

45 *Cf.* Ognenova 1961, p. 527-535 : hausse col de Mezek et de Vărbica, fig. 15 et pl. XVII ; Archibald 1985.

46 Ognenova 1961, p. 527-535 : hausse col de Mezek et de Vărbica, fig. 15 et pl. XVII.

FIG. 16 – Hausse-col de Varvica, IVe s. av. J.-C. (Ognenova 1961, p. 532 fig. 19).

LE PARÈDRE BARBU DE LA DÉESSE : DIONYSOS SABAZIOS

Le parèdre barbu apparaît, comme je l'ai signalé, sur le décor en ivoire d'un lit retrouvé dans la tombe "du Prince", Fig. 13)[47] : il se présente les bras en croix, une tunique à manches retenu par une ceinture dorée au-dessous de laquelle partent des acanthes ; ses poignets sont entourés de bracelets. Le dieu, chevelu et barbu, porte sur un autre relief, non publié, un couvre-chef en forme de bonnet phrygien. Il serait bien intéressant de savoir ce qu'il tenait dans ses deux mains, serpents ou fleurs, mais les détails mentionnés ci-dessus suffisent pour assurer l'identification comme Sabazios, ce que confirmerait encore la comparaison avec des documents, certes plus tardifs mais parfaitement explicites[48].

Ce Sabazios serait bien à sa place en Macédoine car il a une double origine, thrace et phrygienne[49]. Il passait pour être le père de Dionysos que

47 *Cf.* ci-dessus p. 57, description du lit de banquet.

48 Je remercie I. Tassignon, ancien membre de l'EFA, qui m'a fourni des renseignements tirés de sa thèse inédite sur Dionysos en Asie mineure (Université de Liège) ; *cf.* Lane 1985, n° 77, 78, 80, 83, 88 ; Manfrini-Aragno 1987, n. 309.

49 La plus ancienne représentation de ce dieu barbu de la végétation se trouve peut-être à Olynthe, sur une plaque en bronze, dans la même cité où la déesse au corps d'acanthe

l'on n'est donc pas étonné de retrouver, avec son cortège, sur la même frise : "dieu du 'jus' fermenté (*saba* ou *sapa*), (il) s'apparentait à Dionysos par les rites corybantiques de ses adorateurs comme par certaines modalités du cérémonial initiatique"[50]. Une *Rankengöttin*, anonyme[51], et un Dionysos-Sabazios formeraient donc en Macédoine un couple divin qui n'a de vrais parallèles ni en Occident, ni en Orient, même si sur le plan mythologique ou en matière de représentations figurées se tissent des liens avec d'autres régions, où sont connues des divinités liées aussi à la végétation et au monde des morts.

Tout concourt à faire de ce couple une entité vivante en Macédoine et cela explique pourquoi on retrouve la déesse, loin de Grèce, sur des documents que l'on peut attribuer aux Macédoniens.

LA DÉESSE AUX RINCEAUX À SALAMINE DE CHYPRE (FIG. 17)

Un chapiteau, retrouvé à 'Salamine de Chypre, et qui se trouve au British Museum, est décoré d'une tête de taureau en forte saillie, sur le côté étroit, et entre les ailes des animaux, sur le long côté, prend place la déesse au polos, en position de caryatide comme sur la tombe thrace de Sveshtari : le corps se termine en acanthe dont sortent des caulicoles lisses[52]. G. Roux a bien montré qu'il ne pouvait s'agir que d'un chapiteau "grec", même si l'idée des protomés, qui connut une première réalisation en Grèce vers 500 av. J.-C., est certainement un emprunt au domaine oriental, (à Thasos, portique de l'Héracleion). Les parallèles les plus proches se trouvent à Délos, dans le monument des Taureaux, dont on peut dire avec quelque certitude qu'il a été dédié par Démétrios Poliorcète après sa victoire à Salamine de Chypre en

---

ornait un tapis de mosaïque (*cf.* Robinson, 1941, p. 31), à moins que la jupette végétale ne soit celle que l'on retrouve sur d'autres êtres hybrides, comme me l'a fait remarquer A.-M. Guimier-Sorbets pour cacher la transition avec le bas du corps qui se termine par des monstres. Pourtant, Pfrommer 1990, p. 74 et n. 40 donne le personnage barbu d'Olynthe comme la variante masculine de la *Rankengöttin*.

50 Turcan 1992, p. 289-324 ; Picard, 1961.

51 Sur la céramique apulienne, dans un seul cas, un nom, *Aura*, est inscrit sur le vase à côté de la figure, mais on s'accorde pour dire que ce n'est certainement pas l'unique signification de ces portraits : Trendall, Cambitoglou 1978, p. 190. Pour Bérard, 1974, il s'agit de scènes d'*anodos*.

52 Roux, 1980, p. 258 : « la tunique sans manches moule le torse robuste ; elle se métamorphose sous la ceinture en un calice d'acanthe inversé, qui épouse la rondeur des hanches puis s'évase gracieusement en une sorte de jupon, court, dentelé d'où s'échappe dans l'axe une feuille d'acanthe pointe en bas et, symétriquement, de chaque côté, à la place des jambes, un caulicole à tige lisse terminé par un bouton d'acanthe cerclé à la base par un anneau ».

306 av. J.-C.[53]. Comment échapper alors à l'inévitable conclusion que nous avons affaire à Salamine aussi à une consécration macédonienne et que la colonne, surmontée de son chapiteau, portait la statue du roi vainqueur de la flotte lagide dans les eaux mêmes de Salamine ? Les protomes de taureau suffiraient à établir un lien entre Démétrios et le monument votif : le roi est représenté, sur son monnayage, avec les cornes de taureau dionysiaque[54]. Mais c'est, je crois, tout autant la déesse qui sert de "signature" à cette consécration, car elle est la réplique exacte de la *Rankengöttin* de Vergina et des caryatides de Sveshtari et il n'y en a pas de ce type en dehors de l'aire thraco-macédonienne[55]. C'est ainsi que parvint en Orient la déesse de Macédoine, portée par le vaisseau amiral d'un des glorieux successeurs d'Alexandre.

FIG. 17 – Chapiteau de Salamine de Chypre (Roux 1980).

53 L'attribution du Néôrion de Délos, ou Monument des Taureaux à Démétrios Poliorcète a été définitivement réglée par Tréheux 1987 ; *cf.* aussi Étienne 2018, p. 296-298.

54 Tondriau 1953, p. 456-457 sur Démétrios Poliorcète.

55 Les *Rankengöttin* des chapiteaux de Didymes et de Magnésie appartiennent au IIe s. av. J.-C., *cf.* Pfrommer 1990, p. 73 n. 26.

BIBLIOGRAPHIE

Andronicos Manolis, 1968, *Totenkult, Archaeologia homerica*, Vandenhoeck & Ruprecht GmbH & Co KG.

Andronicos Manolis, 1984, *BERGINA, οἱ βασιλικοί τάφοι.*

Archibald Zofia H., 1998, *The Odrysian Kingdom of Thrace*, Clarendon Press.

Bérard Claude, 1974, *Anodoi, Essai sur l'imagerie des passages chthoniens, Bibliotheca helvetica romana*, 13.

Bielefeld Erwin, 1968, *Schmuck, Archaeologica homerica*, Goettingen, Andenhoeck und ruprecht.

Börker Christoph, 1978, « Mosaiken im Hause des Demetrios von Phaleron », *ZPE* 29, p. 43-48.

Briant Pierre, 1991, « Chasses royales macédoniennes et chasses royales perses : le thème de la chasse au lion sur *La chasse de Vergina* », *DHA* 17, p. 212-255.

Burr Thompson Dorothy, 1973, *Ptolemaic Oinochoai and Portraits in Faience, Aspects of the Ruler-Cult*, Oxford Monographs on Classical Archaeology, 16.

Chirassi Ileana, 1968, *Elementi di culture precereali nei miti e riti greci*, Rome, Edizioni dell'Ateneo.

Detienne Marcel, [1972] 1989, *Les Jardins d'Adonis. La Mythologie des aromates en Grèce*, Paris, Gallimard.

Drougou Stella (Σ. Δρουγου), 1987, « Το ὑφασμά της Βεργίνας », *ΑΜΗΤΟΣ, Τιμητικός τόμος για τον καθηγητή Μ. Ανδρόνικο*, I, p. 303-315.

Étienne Roland, 1998, *Basileia*, *Topoi* 8, p. 347-355.

Étienne Roland, 2002, « La Macédoine entre Orient et Occident : essai sur l'identité macédonienne au IVᵉ s. av. J.-C. » dans Müller Christel et Prost Francis, p. 253-275.

Étienne Roland, Müller Christel et Prost Francis, 2014, *Archéologie historique de la Grèce antique*, Paris 3ᵉ éd.

Étienne Roland, 2018, *Le Sanctuaire d'Apollon à Délos, Tome I. Architecture, topographie, histoire, EAD*, 44.

Finley Moses I., 1978, *Le Monde d'Ulysse.*

Fol Aleksandur *et alii*, 1986, *The Thracian Tomb near the Village of Sveshtari*, Sofia, Svyat Publishers.

Ginouvès René (dir.), 1993, *La Macédoine de Philippe II à la conquête romaine*, Paris, CNRS Éditions.

Von Graeve Volkmar, 1970, *Der Alexandersarkophag und seine Werkstatt, Istanbuler Forschungen*, 28.

Guimier-Sorbets Anne-Marie, 1993, « La mosaïque hellénistique de

Dyrrachion et sa place dans la série des mosaïques grecques à décor végétal » dans P. Cabanes (ed.), *L'Illyrie méridionale et l'Épire dans l'Antiquité* 2, p. 135-141.

Guimier-Sorbets Anne-Marie, 1999, « Échos des arts d'Orient dans la mosaïque et l'art décoratif grec des IVe et IIIe siècles av. J.-C. », dans *La mosaïque greco-romaine* VII, p. 19-37.

Hoepfner Wolfram, 1996, "Zum Typus der Basileia und der königlichen Androne" dans Hoepfner Wolfram et Brands Gunnar (eds.), *Basileia. Die Paläste der hellenistischen Könige. Internationales Symposion in Berlin 1992.*

Karagheorgis Vassos, 1968 dans Siegfried Laser, *Hausrat*, *Archaeologia homerica*, 1968, p. 99-103.

Lane E. N., 1985, *The other monuments and literary evidence, Corpus cultus Jovis Sabazii (CCIS)*, 2.

Laser Siegfried, 1968, *Hausrat*, *Archaeologia homerica*, Göttingen.

Laser Siegfried, 1983, *Medizin und Körperpflege*, *Archaeologia homerica*, Göttingen.

Λιλιμπακη-Ακαματη Μαρία, 1996, *Το Θεσμοφόριο της Πέλλας.*

Λιλιμπακη-Ακαματη Μαρία, 2000, *Το ἱερό της Μητέρας των Θεών και της Αφροδίτης στην Πέλλα.*

Manfrini-Aragno Ivonne, 1987, *Bacchus dans les bronzes hellénistiques et romains : les artisans et leur répertoire.*

Micoff Vassil, 1954, *Le Tombeau antique près de Kazanlak*, Académie bulgare des sciences.

Micoff Vassil, *Le Tombeau antique près de Kazanlak*, 1954 c.r. D. Burr Thompson Dorothy, *AJA* (1956), p. 295-296.

Motte André, 1973, *Prairies et jardins de la Grèce antique, de la religion à la philosophie*, Bruxelles.

Müller Christel et Prost Francis (eds.), 2002, *Identités et cultures dans le monde méditerranéen antique, études en l'honneur de Fr. Croissant*, Paris.

Murray Oswyn, 1983, « The Symposion as Social Organisation » dans Hägg Robin (eds.), *The Greek Renaissance of the Eighth Century B.C. : Tradition and Innovation*, p. 195-199.

Murray Oswyn, 1996, « Hellenistic royal symposia » dans Bilde Per et *alii* (eds)., *Aspects of hellenistic kingship*, Aarhus, p. 15-27.

Ognenova Ljuba, 1961, « Les cuirasses de bronze trouvées en Thrace », *BCH* 85, p. 501-538.

Pfrommer, Michael, 1982, « Grossgriechischer und mittelitalischer Einfluss in der Rankenornementik frühhellistischer Zeit », *JdI*, p. 119-190.

Pfrommer, Michael, 1990, « Wurzeln hermogeneischer Bauornementik », dans Höpfner Wolfram et Schwandler Ernst-Ludwig (eds.), *Hermogenes und die hochhellenistische Architektur*, p. 69-80.

Phaklaris (Π. Β. Φακλαρης), 1994, « Κάλυμμα ασπίδος ἡ ασπίς », *in ΦΗΓΟΣ, Τιμητικός τόμος για τον καθηγητή Σ. Δάκαρη*, p. 137-142.

Picard Charles, 1961, « Sabazios, dieu thraco-phrygien : expansion et aspects nouveaux de son culte », *RA*, p. 129-176.

Rathje Annette, 1990, « The Homeric Banquet in Central Italy », dans Murray Oswyn (ed.), *Sympotica, A Symposium on the* Symposion, p. 279-288.

Rice Ellen E., 1983, *The grand Procession of Ptolemy Philadelphos*, Oxford, Oxford University Press.

Robinson David M., 1933, *Mosaics, vases, and lamps of Olynthus found in 1928 and 1931, Olynthus* V.

Robinson David M., 1941, *Metal and minor miscellaneous finds, an original contribution to Greek life, Olynthus* X.

Rolley Claude, 1999, *La Sculpture grecque* II, Paris, Picard.

Roux George, 1980, « Le chapiteau à protomés de taureaux découvert à Salamine de Chypre » dans *Salamine de Chypre. Histoire et archéologie : état des recherches, Lyon 13-17 mars 1978*, p. 256-274.

Salzmann Dieter, 1982, *Untersuchungen zu den antiken Kieselmosaiquen von den Anfängen bis zum Beginn der Tesseratechnik, Archaeologische Forschungen*, 10.

Σαατσογλου-Παλιαδελη Χ., 1984, *Τα επιτάφια μνημεία απο την μεγάλη τούμπα της Βεργίνας*.

Sauron Gilles, 2000, *L'Histoire végétalisée. Ornement et politique à Rome*, Rome, Picard.

Schauenburg Konrad, 1957, « Zur Symbolik unteritalischer Rankenmotive », *AM* 64, p. 198-221.

Tondriau Julien, 1953, « Dionysos, dieu royal : du Bacchos tauromorphe primitif aux souverains hellénistiques Neoi Dionysoi », dans *Mélanges H. Grégoire*, IV, p. 441-466.

Torelli Mario, 1985, « Macedonia, Epiro e Magna Grecia : la pittura di eta classica e protoellenistica », dans *Magna Grecia, Epiro e Macedonia, Convegno Tarento*, p. 379-398.

Tréheux Jacques, 1987, « Sur le Néôrion de Délos », *CRAI*, p. 168-188.

Trendall Arthur D. et Cambitoglou Alexander, 1978, *The Red-figured Vases of Apulia I*, Oxford, Clarendon Press, Oxford University Press.

Τσιγαριδα Μ., 1987, « Χρυσό στεφάνι μυρτιάς απο τη Βεργίνα », dans *ΑΜΗΤΟΣ*, τιμητικός τόμος για τον καθηγητή Μ. Ανδρόνικο I, p. 907-914.

Turcan Robert, 1992, *Les Cultes orientaux dans le monde romain*, Paris, Les Belles Lettres.

Van Wees H., 1995, « Princes at Dinner, Social Structure in Homer », dans Crielaard Jean-Paul (ed.), *Homeric questions*, p. 146-182.

Vocotopoulou Julia, 1996, *Guide du Musée de Thessalonique*, Kapon.

Völcker-Jansen Wilhelm, 1993, *Kunst und Gesellschaft an den Höfen Alexanders d. Gr. und seiner Nachfolger*, München.

Watzinger Carl, 1905, *Griechische Holzsarkophage*, Leipzig.

LE ROI MANGE[1]

Il pourrait paraître superfétatoire de rouvrir le dossier du banquet royal à l'époque hellénistique car on ne manque pas d'études qui ont abordé le sujet soit directement, soit marginalement en traitant de différentes figures royales. Bien plus, assez récemment, l'Allemand Konrad Vössing, dans *Mensa regia, Das Bankett beim hellenistischen König und beim römischen Kaiser*, paru à Leipzig en 2004[2], a consacré à ce thème 180 pages fort bien documentées ; il a réuni avec soin les textes, mais son approche du sujet est celle d'un philologue et d'un historien classique et n'éclaire pas d'une façon nouvelle des histoires de banquet qui ont défrayé la chronique et se situent hors des normes de la bienséance antique.

HISTORIOGRAPHIE DU SUJET

Les historiens se sont partagés sur l'interprétation à donner des nombreux récits qui évoquaient l'éthylisme royal et les banquets hors normes. Tarn considérait les récits des beuveries d'Alexandre comme des « gossips », des racontars, faits pour ternir la gloire du héros et nés dans ce milieu de philosophes qui ne supportaient pas la monarchie ni les comportements déviants[3]. D'un autre côté, il était facile d'excuser en partie le roi, en rappelant que son père avait donné le mauvais exemple et qu'il s'agissait de barbares : boire du vin pur et se livrer à l'ivresse n'avait rien de surprenant de la part de ceux qui suivaient des traditions étrangères au mode

1 Une première version de ce texte a été donnée dans R. Étienne, « La table du roi », dans A. Esposito (dir), *Autour du « banquet », Modèles de consommation et usages sociaux*, Dijon 2015, p. 365-383.
2 Vössing 2004.
3 Tarn 1950, p. 70.

de vie grec. Plus riche est l'approche de ceux qui, comme G. Radet dans son histoire d'Alexandre en 1931 ou J. Tondriau, mettaient l'accent sur le Dionysisme royal et sur la *tryphé*, définissant un comportement hors norme, qu'il était loisible de condamner, mais qui se situait au cœur même du processus identitaire des monarques hellénistiques[4].

Á partir des années soixante-dix, une série d'articles est directement consacrée au banquet royal et cette abondance s'explique de plusieurs façons. D'une part, des monographies de souverains ne peuvent éviter de poser le problème de la véracité des récits hallucinants sur les banquets et les beuveries royales. D'autre part, les archéologues rencontrent la question des *hestiatoria* dans les demeures et les palais – il est vrai assez rares – mais justement se distinguant, comme en Macédoine, par le nombre et les dimensions de leurs salles à manger. Enfin, une histoire culturelle produit une série d'études importantes sur le thème du banquet, orientée toutefois plutôt vers le banquet civique que vers le banquet royal.

Donnons quelques titres représentatifs de cette triple approche. Eugène Borza, spécialiste de la Macédoine, écrit un article en 1983 sur le rôle social du banquet royal macédonien, « The symposion at the Alexander court[5] ». Il constate, bien à tort selon nous, que l'on n'a que fort peu de renseignements sur la nourriture ; il s'intéresse au nombre des banqueteurs et conclut sur le *symposion* comme véhicule d'événements importants et instrument de pouvoir, en réunissant les *philoi* autour du roi et en créant des liens entre eux. De son côté, P. Villard consacrait un chapitre de sa thèse à l'éthylisme des souverains, qui était tellement généralisé que Polybe crut bon de souligner que Persée échappait à la coutume ; il concluait en ces termes : « boire le jour c'est évidemment boire davantage, mais c'est surtout boire à contretemps. On a dès lors quitté le monde de l'ivresse-détente pour celui de l'ivresse-mode de vie. Au-delà des dommages escomptables, c'est cette perversion du temps quotidien qui condamne cette conduite[6] ». P. Villard ouvrait la voie à une étude comportementale des monarques hellénistiques.

Oswyn Murray partage avec P. Schmitt Pantel le mérite d'avoir présidé à de multiples études sur le banquet, qui est devenu un des axes

4 Radet, 1931 et Tondriau, 1946 et 1948, mais Goukowsky 1981, p. 75-83 pense que le « dionysisme royal » est le fait des Ptolémée et souligne le rôle de Philopator dans le développement de cette idéologie.

5 Borza 1983.

6 Villard 1989, p. 911-923 et citation, p. 923.

les plus productifs de la recherche universitaire[7]. Si cette dernière, dont l'ouvrage paraît en 1992, ne s'est pas intéressée directement au *symposion* royal, elle a poussé son étude des banquets civiques jusqu'à l'époque hellénistique et fournit donc une riche documentation pour situer la sphère monarchique par rapport au domaine civique[8]. Oswyn Murray a écrit une série d'études sur le banquet dont l'une, en 1996, consacrée spécifiquement à l'« Hellenistic Royal symposia[9] » : il montre que le *symposion* hellénistique a comme antécédents le banquet tyrannique, le banquet macédonien et celui du roi de Perse[10]. Deux idées me semblent devoir être retenues, quitte à les critiquer dans la suite de cet exposé : le banquet macédonien, où l'on invite de très nombreux hôtes, se singularise des coutumes grecques et correspond à des pratiques relevant d'une société tribale ; de son côté, Démétrios Poliorcète, avec tous ses excès, ne ferait finalement que réaliser les rêves ou les appétits de ses contemporains. La vie dissolue du roi ne serait après tout que la projection des désirs de ses sujets. Quant aux pratiques d'Antiochos IV au banquet, que condamne le puritain Polybe[11], formé par les stoïciens romains, elles n'auraient rien

7 *Cf.* sur l'aspect historiographique, Murray 2003 et Nadeau 2010a ; O. Murray et P. Schmitt Pantel sont les représentants d'un courant d'histoire culturelle ; parallèlement, de façon tout à fait indépendante, les archéologues développaient des recherches sur les *hestiatoria*, *cf.* la bibliographie dans Bergquist 1990 et Hellmann 2006, p. 218-231.

8 Schmitt-Pantel 2011 et bibliographie récente commentée, *Eadem* 2012. C'est aussi le cas de Nadeau 2010 a et b, qui s'intéresse de façon générale aux banquets, mais n'aborde que de façon marginale le banquet royal et qui met l'accent sur les rapports entre la Grèce et Rome. De même l'article « Banquet » du *Thescra*, Bruit, *2004* est rédigé pour la Grèce par P. Schmitt Pantel et F. Lissarrague, qui ne traitent pas du banquet royal. En revanche voir maintenant, Grandjean *et al.* 2013.

9 Murray, 1996.

10 Capdetrey 2013, p. 173-198, a bien montré, avec les nuances qui s'imposent, les différences profondes entre le banquet achéménide et le banquet hellénistique et j'adhère tout à fait à ses conclusions : « en renonçant pour l'essentiel à la pratique complexe, institutionnalisée et ritualisée de la table du roi, les rois hellénistiques s'affranchirent aussi d'un lien singulier avec le territoire dominé ». *Cf.* aussi ci-dessous. Azoulay 2013, « Entre familiarité et solennité : le banquet des monarques au prisme de l'identité civique », p. 53-70 ; je suivrais tout à fait V. A. dans ses analyses du banquet d'Amasis et de Cyrus, mais je m'en écarterais en ce qui concerne le « portrait » d'Antiochos IV, qui « tout roi qu'il était – se comportait en homme du peuple, voire en bouffon, transformant des festivités solennelles en spectacle grotesque ». Je pense que ces « bouffonneries » s'inscrivent dans le cadre d'un dionysisme royal auquel les Romains et le « vertueux » Polybe ne voulaient ou ne pouvaient rien comprendre ; c'est l'opposition de deux mondes qui est en jeu (comme celle qui opposera Auguste et Antoine, Apollon et Dionysos) et non la victoire de Rome sur l'Orient qui est mise en scène.

11 Athénée X, 439a suivant Polybe, XXXVI et Diodore de Sicile, XXI, 16, 1-3 : sur les pratiques d'Antiochos IV au banquet, *cf.* ci-dessous, p. 117-126.

d'extraordinaire et manifesteraient une proximité avec ses sujets. Cette image d'un Antiochos IV *volksnah*, populiste, est reprise par Konrad Vössing et Peter Franz Mittag : pour eux, la conduite du roi est répréhensible car il ne respecte pas la distance avec ses sujets qui sied à un souverain, et il distribue à tort et à travers des cadeaux, enfreignant les règles de la bienséance et les normes de la juste distribution sociale[12].

K. Vössing fournit aux archéologues une clé possible pour expliquer la taille et le nombre des salles de banquets dans le palais d'Aigai-Vergina, en reprenant l'idée de Murray de la structure « tribale » de la monarchie macédonienne[13]. Pour recevoir les membres des « tribus », il fallait des espaces adaptés, que les Macédoniens obtinrent en créant de vastes salles à manger et en les multipliant. En fait cette idée d'une multiplication des salles de banquet a été systématisée par W. Hoepfner dans un colloque sur les *Basileia, Die Paläste der hellenistichen Könige*, dont les actes ont paru en 1996[14]. Celui-ci a restitué des *hestiatoria* dans presque toutes les salles du rez-de-chaussée du palais de Vergina, qui devient ainsi un immense restaurant[15] ; cette idée a plu puisque c'est son plan qui est repris dans un guide de Macédoine dû à Jean Touratsoglou ou dans le livre de Vössing[16] (il a voulu aussi multiplier les lits à Pergame dans les palais IV et V, et à Pella, dans les salles du palais I). Je doute de ces restitutions qui reposent sur une approche trop systématique des espaces du palais grec[17], mais ce colloque, organisé par Wolfgang Hoepfner et Gunnar Brands et dédié à John Travlos, avait le mérite d'évoquer aussi le décor et le mobilier des demeures royales et de ne pas s'en tenir à des aspects uniquement architecturaux.

De cette littérature, il ne ressort pas une vision très claire du banquet royal parce que, me semble-t-il, on reste trop prisonnier d'une vision philologique ou historique du problème qui consiste à se demander si ces histoires « d'ivrognes » ont quelque rapport avec la réalité et l'on est trop enclin à en renvoyer la responsabilité aux critiques par les philosophes

12 Vössing 2004, p. 162-163 ; Mittag 2006.

13 Murray 1996, p. 16-17 et Vössing 2004, p. 101-103.

14 Hoepfner-Brands 1996 et Hoepfner 1996.

15 Hoepfner, 1996, p. 8, Abb. 5.

16 Touratsoglou 1996, p. 218, fig. 279 et Vössing 2004, Abb. II ; cette utilisation de Vergina comme une vaste salle de banquet est reprise aussi par l'équipe grecque qui mène aujourd'hui à bien l'étude systématique du palais sous la direction de A. Kottaridi (*cf.* ci-dessus, p. 23-26).

17 *Cf.* Étienne, 1998 et 2006.

des outrances royales, c'est à dire à les anathématiser en raison de la fiabilité douteuse des sources. En fait, une approche anthropologique est requise si l'on veut expliquer les formes du banquet royal, et les déviances qu'évoquent les textes par rapport aux normes sociales : il s'agit de mettre le *symposion* monarchique en regard des autres types de banquets contemporains, banquets civiques et religieux, mais aussi des banquets transmis par les textes homériques ou héroïques qui ont imprégné la culture et l'habitus des élites. Enfin, on trouvera dans la monarchie française quelques réponses aux questions que l'on peut se poser sur les manières de table des rois : l'histoire ne se répète pas, mais les modèles pour incarner un pouvoir absolu ne sont pas légion.

Nous examinerons trois problèmes :

- le nombre des hôtes et l'organisation des salles ;
- le décor des salles à manger, le mobilier et la vaisselle ;
- les menus et les intermèdes,

et nous conclurons sur les transgressions des rois au banquet.

NOMBRE DES HÔTES ET ORGANISATION DES SALLES DE BANQUET

LA TAILLE (TABLEAU 1)

Le tableau laisse clairement voir qu'il y a une différence entre les pratiques privées et monarchiques du *symposion*. Lors des « grandes fêtes », le roi peut inviter au banquet cent à deux cents personnes (si on en compte deux par lit), c'est du moins la capacité maximum des salles de réception dont on a mention, et encore ne s'agit-il que de ceux qui approchent le roi, car des invités sont laissés hors du dispositif et sont régalés hors de la tente[18]. En ce qui concerne la tente de Ptolémée, signalons un problème de traduction et de compréhension que je ne développerai pas ici : je

18 Mention de salles aux cent lits, *cf.* Josèphe, *Guerre des Juifs*, 5, 177 : pour Studniczka, 1914, p. 33, le chiffre de trente lits dans une salle à manger, donné par Cicéron, *Verrines*, 4, 26, 58 serait très exagéré.

pense que la première mention de 130 lits concerne le périmètre de la tente et non le nombre des lits, comme il a été dit[19], ce qui donne une surface de 3 350 m^2, de l'ordre des cours des palais macédoniens.

Lieu	Référence	Surface en m^2	Nombre de lits	Bibliographie
Érétrie, IVe s. Maison mosaïque	Pièce 5	9	3	*Eretria VIII*, 1993
Maison mosaïque	Pièce 7	67	11	*Ibid.*
Maison mosaïque	Pièce 9	22	7	*Ibid.*
Olynthe, IVe s. Villa Bonne Fortune	Andrôn mosaïques	28,7	8	*Olynthus VIII*, 1938
Pella, IVe-IIIe s.				
Pella Bât. 5	Pièce Q, K		11	BERGQUIST, 1990
Pella Bât. 5	Pièce G	118	19-23 (?)	*Ibid.*
Pella Bât. 5	Pièces B, D	67	11-15 (?)	*Ibid.*
Pella Bât. 1	Pièce B	72	11-15	*Ibid.*
Pella Bât. 1	Pièce C	120	15-19-23	*Ibid.*
Vergina-Aigai	Pièces D, E, G	83	15-19	*Ibid.*
Vergina-Aigai	Pièces R, S	114,5	15-19-23	*Ibid.*
Vergina-Aigai	Pièces M1, M2, M3	256	23-27-31	*Ibid.*
Pergame Palais 5	Pièce I	169	22	HOEPFNER, 1996
Pergame Palais 5	Pièce F	128	18	*Ibid.*
Tente d'Alexandre Fête de Dion 335			100	Diodore, 17, 16, 4
Tente d'Alexandre Noce de Suse (324)			100	Athénée, 12, 538 c
Tente de Ptolémée II *Ptolemaia*		3 350 (?) (50x66,8)	100 ou 200 (?)	Athénée, 5, 196 a
Tente de Ptolémée II Réunion			72 + rois et autres	*Lettre d'Aristée*, 1962

19 Athénée V, 196b : τὸ μὲν οὖν μέγεθος αὐτῆς ἑκατὸν τριάκοντα κλίνας ἐπιδεχόμενον κύκλῳ…

Noce de Karanos déb. IIIe s.			20	Athénée, 4, 128 d
Hérode le Grand	*Xenônes*		100	Josèphe, *Guerre des Juifs*, 5, 177

TABLEAU 1 – Nombre de lits dans les salles de banquet « privées » (maisons ou palais), IVe s.-IIe s. av. J.-C.

Que le roi soit plus riche que les autres et qu'il ait de plus grandes capacités d'accueil pour des réceptions personne n'en douterait, mais n'est-ce qu'une question de quantité ? En fait déjà, des auteurs comme Murray ou Vössing, ont cherché à mettre en relation ces pratiques de « gigantosymposia » (*Hypodochai ochlikai*) avec des coutumes macédoniennes propres à une monarchie « tribale[20] ». Je n'en suis pas sûr car les Attalides, qui sont après tout des Macédoniens, ont des salles à manger « modestes », et n'ont donc pas importé les coutumes patrimoniales[21]. Il est vrai que rien ne les empêchait de bâtir des tentes pour accueillir une foule de convives.

Si l'on veut comprendre ce problème de taille, je crois qu'il faut le comparer aux coutumes grecques traditionnelles, dans la sphère privée comme dans la sphère publique. On connaît des banquets publics qui réunissent tout le corps civique : je ne citerai que l'exemple des Poseideia de Délos où l'on a fait la preuve que tous les adultes mâles étaient conviés, soit 1 250 citoyens[22].

En revanche, dans la sphère privée, les réunions sont tenues d'être limitées : je rappellerai l'anecdote qui court sur Agathocle, tyran de Sicile dont les dieux auraient détruit le palais par la foudre, car il représentait par sa taille un acte d'*hybris* (Diodore XVI, 83) ; en fait, il pouvait accueillir nous dit le texte soixante lits. Agathocle n'est pas condamné pour sa richesse, mais parce que sa demeure ne correspond pas à la norme, car elle dépasse la taille des temples[23]. Soulignons que

20 *Cf.* ci-dessus, p. 81-82.

21 *Cf.* ci-dessus, Tableau, p. 84.

22 Sur ce nombre, Vial 1984, p. 339-343.

23 Diodore, XVI, 83 : « τοιγαροῦν διὰ τὴν ἐκ τούτων εὐπορίαν πολλὰ καὶ μεγάλα κατεσκευάσθη κατ' ἐκείνους τοὺς χρόνους ἀναθήματα, ἐν μὲν ταῖς Συρακούσσαις ὁ κατῶν κατὰ τὴν Σικελίαν ἔργων ὑπεραίρων τῷ μεγέθει καὶ τῇ κατασκευῇ, ὃν κατεσκεύασε μὲν Ἀγαθοκλῆς ὁ δυνάστης, διὰ δὲ τὸ βάρος τῶν ἔργων ὑπεραίρων τοὺς τῶν θεῶν ναοὺς ἐπισημασίας ἔτυχεν ὑπὸ τοῦ δαιμονίου κεραυνωθείς ». τὰ τὴν Μῆσον οἶκος ὁ ἑξηκοντάκλινος ὀνομαζόμενος,

certaines lois romaines limitaient le nombre de lits dont un citoyen pouvait disposer (*CIL*, 5439=*ILS*, 6087) : au-delà, signe de transgression, la demeure bascule dans la sphère publique ou sacrée.

L'ORGANISATION

Comment ces salles de banquets étaient-elles organisées et comment les hôtes étaient-ils hiérarchisés ?

Il faut avouer que la disposition des lits ne soulève pas de problèmes pour les petites salles où les lits étaient disposés en file le long des murs ; mais l'utilisation de l'espace dans les salles, qu'elles soient de formes non canoniques ou de vastes dimensions, comme dans le palais de Vergina, a donné lieu à différentes hypothèses : ainsi Birgitta Bergquist a proposé de répartir les convives en quatre groupes dans les angles[24]. Je ne sais pas si l'archéologue suédoise a raison dans ses choix, qui ne me semblent pas reposer sur des indices irréfutables, et je voudrais évoquer le problème de la place du roi qui est au cœur de notre sujet.

Le roi de Perse, comme le roi de France, mangeait à l'écart des convives et dans une position centrale, ce qui ne correspond pas à la coutume grecque, qui est de type égalitaire[25] : la place d'honneur correspondait à la première couche, à droite de la porte, et l'hôte occupait la dernière couche, à gauche de l'entrée[26]. Il n'y avait pas de disposition axée mettant particulièrement en valeur une place. Cette coutume est cependant souvent enfreinte dans les banquets royaux.

Une anecdote amusante concerne un médecin, Ménécratès, contemporain de Philippe II, qui se faisait appeler Zeus et qui se comportait comme un dieu[27]. Pour se moquer de lui, Philippe II l'invita à un banquet et le plaça sur la *kliné* du milieu, qui était plus haute que les autres, « avec les autres dieux » (il faut comprendre ceux qui le suivent, ses flatteurs-parasites) ; il fit placer devant lui sur une table un autel et des prémices. Finalement comme les serviteurs ne lui servaient que des fumigations et des libations, comme il sied à un dieu, il partit tout penaud avec sa suite. Ceci prouverait qu'une couche était privilégiée par sa place, sa hauteur et son décor. Remarquons toutefois, si l'anecdote

---

24 Bergquist 1990.

25 Vössing 2004, p. 38-51 : « das Bankett der persischen Könige ».

26 Platon, *Banquet*, 175c, 177d : Tomlinson, 1970, p. 309.

27 Athe., 289 e, f.

est vraie, que, dans les banquets divins figurés sur la céramique ou les reliefs, Zeus occupe la place centrale et que cela peut suffire à expliquer la façon dont Philippe II organisa la salle.

On a d'autres indices sur la mise en valeur de la personne royale. On est un peu déçu que Callixène qui rapporte bien des détails sur la tente de Ptolémée II ne dise rien de la place du roi dans cet ensemble, qui comportait deux groupes de cinquante lits, répartis donc de part et d'autre d'un axe central. Il est clair qu'à la cour des Ptolémées, il existait une hiérarchie dans la salle de banquet puisque Hyrcan, le Tobiade, fut mis « en bout de table », comme le rapporte Josèphe (*Ant.* 12, 209 *sq.*), lors d'une réception chez Ptolémée III. Dans la salle de banquet et de travail, où le roi reçut les savants juifs qui devaient traduire la Bible en grec, même s'il y a des problèmes de détail, la couche royale se trouvait au centre et les autres lits étaient attribuées par rang d'âge[28]. Dans le troisième livre des Macchabées (LXX 3 *Makk.* 5, 16), le lit de Ptolémée IV lors d'un banquet fut placé en face de celui de ses hôtes.

Ces exemples justifient la conclusion que K. Vössing en tire : « Dès lors qu'il y a une place de premier rang incontestée, qui est celle du roi, la valeur des autres positions correspond à l'éloignement par rapport à celle-ci. Dans le festin royal, (ce qui était déjà aussi le cas du banquet des tyrans), on ne trouve guère plus de trace de la tradition égalitaire de l'ancien *symposion* grec. »

De même le décor des salles de banquet – réel ou rêvé – est une autre façon de marquer les différences et d'établir une rupture entre le banquet royal et celui du commun des mortels : il ne s'agit pas d'une différence de degré, mais ce sont deux conceptions du monde qui s'affrontent.

UN DÉCOR « DIVIN »

Nous prendrons deux exemples de ces décors et des commentaires qu'ils suscitent : la tente de Ptolémée II, décrite par Callixène (Athénée, V, 25, 196a-197c) et la salle à manger de Cléopâtre décrite par Lucain.

28 *Lettre d'Aristée* 1962, 182-187 : discussion sur la position exacte des convives, Vössing 2004, p. 124-125.

La tente de Ptolémée II

Le texte de Callixène pose un certain nombre de problèmes dont je ne traiterai pas ici[29], et j'insisterai seulement sur trois points :

- l'ambiance dionysiaques des *antra* ;
- le rôle dynastique et guerrier de la décoration ;
- les jonchées de fleurs recouvrant le sol ;

Les deux premiers points ne me semblent pas faire difficulté : c'est le double rappel que cette construction éphémère est liée à la fête des *Ptolémaia* de 275 av. J.-C., où Dionysos occupait la première place dans le cortège des dieux ; on ne sera donc pas étonné de retrouver des colonnes en forme de thyrse et des *antra* avec des figures du théâtre prenant part à un *symposion*. Quant à l'exaltation de la dynastie, elle se manifestait par des portraits royaux et par les aigles affrontés au sommet du toit, symboles que l'on retrouve sur les monnaies des premiers Lagides. L'exposition de la vaisselle manifeste de façon ostentatoire la richesse métallique de la monarchie (Fig. 4)[30] ; avec la même intention, Louis XIV faisait lui aussi construire des *Buffets* éphémères, terme technique qui désignait des présentoirs à vaisselle[31].

J'attire particulièrement l'attention sur le rôle singulier des fleurs auxquelles Callisthène consacre un long commentaire ; la 'divine prairie' (λειμῶν θεῖος) par laquelle le texte qualifie cette jonchée de fleurs explique la présence de mosaïques florales dans l'*andrôn* des palais, comme à Vergina (Fig. 14) ou à Pella, et transforme réellement la salle de banquet

29 Les pages de Leroux, 1913, p. 224-234 et de Studniczka 1914 sont toujours intéressantes ; pour la bibliographie récente, voir maintenant Calandra 2011 (mais je discuterai ailleurs de la restitution qui ne paraît pas irréprochable). Vössing 2004, p. 107-110 s'intéresse surtout au nombre de lits et à leur disposition, mais le décor n'est pas bien traité.

30 Le texte utilise le terme de *kliné* pour désigner le lieu où est exposée la vaisselle : « ἐπεπήγει δὲ τοῦ συμποσίου καταντικρὺ καὶ ἑτέρα κλίνη πρὸς τὴν τῶν κυλίκων καὶ ποτηρίων τῶν τε λοιπῶν τῶν πρὸς τὴν χρῆσιν ἀνηκόντων κατασκευασμάτων ἔκθεσιν ἃ δὴ πάντα χρυσᾶ τε ἦν καὶ διάλιθα, θαυμαστὰ ταῖς τέχναις », il s'agit soit d'un lit de banquet, faisant office occasionnellement de présentoir, soit le terme est utilisé pour désigner un meuble du type desserte comme celui qui apparaît sur la frise d'une tombe macédonienne (Fig. 4) : *cf.* Tsimbidou-Avloniti 2006, p. 325 et fig. 2 (le terme technique pour cette crédence est *kylikeion*). Cette touche de réalisme sur la frise laisse entendre que la représentation est celle d'un *symposion* et non d'un quelconque repas funéraire.

31 *Versailles*, 1993, p. 85-90, fig. et *Versailles*, 2007, p. 30-31, fig. 4-6.

en demeure divine[32]. C'est le symbole du printemps éternel que tout souverain doit offrir à son peuple, qu'il s'appelle Ptolémée II, Auguste ou Louis XIV. Ce dernier fit inaugurer le Grand Trianon par un opéra où une nymphe vint chanter le paradis qui l'entourait :

> Tout fleurit sur nos rivages,
> Nos jardins sont toujours verts
> Jamais des tristes hivers
> Nous ne sentons les outrages,
> Notre printemps dure toujours,
> Nous n'avons que de beaux jours[33].

La salle à manger de Cléopâtre

C'est la même impression qu'exprime Lucain en décrivant la salle à manger de Cléopâtre dans la *Guerre civile* X, 110-113 : « c'est à un temple, que ce lieu ressemble, ce qu'aucun autre siècle plus corrompu n'a créé … » Qu'importe que la description corresponde ou non à la réalité, mais rien ne paraît pourtant aberrant dans les matériaux qui sont cités : le marbre était importé, mais le porphyre était extrait en Égypte ; l'agate couvrait aussi le sol du bateau de Hiéron II de même que l'ivoire en décorait les portes (Athénée, 207c-208b), mais, ce qui soulève la réprobation, c'est que ces matériaux ne sont normalement utilisés que pour des dieux, dont on sculptait des effigies chryséléphantines et dont les demeures pouvaient être richement ornées : ainsi la porte du temple de Delphes était incrustée d'ivoire que les Naopes allaient acheter au Pirée au IVe s.[34]. Ce n'est donc pas seulement un étalage des richesses, que condamne le poète moraliste, mais il stigmatise une véritable usurpation ou transgression, la salle à manger de la reine – ajoutons aussi celle du roi – étant conçue pour faire du souverain l'égal des dieux.

Les dieux ne buvaient que l'ambroisie et le nectar, ce qui ne pouvait être le cas des hommes, mais la cuisine royale était aussi un mode de distinction.

---

32 Étienne, 2002, p. 264-267 : « *prairies divines* » et ci-dessus, p. 66-68.

33 Néraudeau 1986 : ces vers appartiennent au livret de l'opéra de Du Boullay, *Zéphyr et Flore*, 1688. Pour la période romaine, *cf.* l'œuvre pionnière de Sauron, 2000.

34 Bousquet 1988, p. 234-237.

LE BANQUET : LE MENU

Par « menu » du banquet entendons à la fois les mets qui étaient servis et les intermèdes qui rythmaient le développement du repas. Curieusement, Borsa dans son article a dit que nous ne savions presque rien des nourritures consommées lors des banquets royaux. Ce n'est pas faux, mais on ne peut éliminer le témoignage du repas de noce de Karanos, un aristocrate macédonien qui appartient à la sphère des amis du roi : n'a-t-il pas parmi ses vingt invités un Hippolochos, qui fit le récit du banquet dans une lettre à son ami Lynceas, frère de Douris de Samos, tyran et historien (tous deux élèves de Théophraste), et descendant direct d'un Prôteas, un des proches d'Alexandre, dont la mère avait été la nurse du roi ? Il est évident que le niveau social des hôtes comme la qualité des cadeaux échangés situent ce banquet dans la sphère « royale ».

LES NOCES DE KARANOS DE MACÉDOINE (ATHÉNÉE IV, 128 D)

Début

Cadeaux : phiales d'argent (128, c)

Couronne (*stegglis*), avant même d'entrer : en or valeur 5 *aurei* (50 drachmes).

1. **Service**

Pain servi sur des plats en *bronze*, fabriqués à Corinthe

Poules, canards, pigeons, oies.

Á la fin : un esclave qui se tient derrière les convives et récupère les mets.

2. **Service**

Plat en *argent*, avec pain, oies, lièvres, chevreaux ; (autres pains) avec pigeons, tourterelles, perdrix et autres oiseaux.

Á la fin : un esclave qui se tient derrière les convives et récupère les mets.

- lavement des mains ;
- couronnes de fleurs, et tiares d'or de même poids que les précédentes
- *Les convives ont atteint une ivresse agréable.*

3. **Intermède**

a. les flûtistes, chanteuses, *samboukistes* de Rhodes, peut-être nues qui s'en vont après un prélude ;

b. d'autres (Rhodiennes ?) apportent des lécythes de myrrhe, liés par un cordon d'or (*himas*), l'un en or et l'autre en argent, et des *kotylés* et cadeaux pour chacun.

4. Service

Plat en *argent doré*, pouvant porter un cochon rôti sur le dos et avec le ventre rempli de bonnes choses : grives, canards, becfigues, légumes mélangés avec des œufs, huîtres, coquillages ; sur un autre plat de même type avec des cuillers d'or : chevreau chaud.

Autres cadeaux : corbeilles, panières à pain tissées avec l'ivoire ; autres couronnes, une paire de lécythes en or et en argent de même poids que les précédents.

5. Intermède

Le chœur (?) des Athéniens de la fête des Chytroi ; danseurs ithyphalliques et clowns (*sklèropaiktai*) ; femmes nues dansant sur des sabres (?) et crachant le feu.

6. Service

Boisson chaude et pure (*zôroteros*) ; vins de Thasos, Mendé, Lesbos, avec une grande coupe en or pour chacun ; après on sert des poissons frits de toutes sortes sur un *plat en verre* de deux coudées, serti d'argent ; on sert du pain de Cappadoce sur un plat d'argent.

Fin : on se lave les mains, tiares d'or, du double par rapport aux précédentes ; un autre lécythe double de myrrhe ; on boit et reçoit en cadeau des coupes sur lesquelles est inscrit un demi-vers d'Homère : *Iliade* VII, 161 (« Tous les neufs se levèrent... »).

7. Intermède

Chœur de 100 hommes chantant un chant nuptial ; puis des danseuses en Néréides ou en Nymphes ; le soir arrivant, on dévoile un espace rond, délimité par des rideaux blancs, d'où sortent des Naïades (les barrières étant levées par un mécanisme secret) Erôtes, Artémis, Pan, Hermès, tenant des torches.

8. Service

Des sangliers (*Erymanthes*), percés par des broches d'argent, servis aux hôtes sur des plats en argent rectangulaires, à bords en or.

Fin

Une trompette sonne la fin du dîner (*deipnon*) ; on boit tranquillement (*eumarôs*) comme antidote au vin pur que l'on a bu auparavant ; puis vient un pitre athénien, Mandrogenès (*gelôtopoios*), qui danse avec sa femme de plus de 80 ans !

Hors service

Avec les desserts (*epidorpiai trapezai*) : dans des corbeilles d'ivoire remplies de friandises diverses et pâtisseries de tous les types, le crétois, le samien et l'attique, dans leurs emballages appropriés.

Le passage se termine par une comparaison avec ce dont Lynceas, frère de Douris, tyran et historien de Samos, poète et bon vivant jouit à Athènes en compagnie de Théophraste : thym, roquette, gâteau, spectacle aux Lénéennes et aux fêtes des *Chytroi* (fêtes de Dionysos). Autant dire que la comparaison est en faveur de la Macédoine !

LES NOCES DE KARANOS : COMMENTAIRE[35]

Nous soulignerons les points essentiels qui intéressent notre propos :

1. il n'y a pas véritablement de diversification des menus : on mélange au début les produits d'élevage et ceux de la chasse et le cochon rôti, au quatrième service, contient même des coquillages ; il n'y a vraiment que deux services cohérents ; le sixième et le huitième, l'un avec des poissons frits, l'autres avec des sangliers, qualifiés d'Erymanthe ; enfin, après que l'on ait sonné la fin du repas, on sert des gâteaux de toutes sortes.
   Il n'y a pas apparemment de progression non plus dans le service des vins ; le vin coule à flot et les crus les plus prisés de Mendé, Thasos et Lesbos interviennent au sixième service : est-ce qu'ils sont bus chauds et purs ? Le texte ne me semble pas très clair. On sait en revanche que l'on reprochait aux Macédoniens de boire leur vin pur, ce qui passait pour une coutume barbare : il ne s'agit donc pas là d'un dépassement de la mesure, mais d'une coutume locale[36] ;
2. s'il n'y a pas de progression stricte dans l'ordonnance des plats, il y a une progression notable dans le service de table : on passe tour à

35 Milanesi 2013, p. 343-372. S. Milanesi a exposé tous les problèmes concernant le texte et le genre épistolaire dont relève cette description de banquets, l'historicité du mariage et des participants au banquet ; je me suis surtout intéressé aux *realia* et au rituel du service. Nos perspectives ne sont pas les mêmes, mais assez complémentaires. Je ne suis pas convaincu cependant par sa recherche historique et j'hésiterais à faire de Karanos un roi, comme elle le suggère ; ce n'est ni le nom « dynastique » (il y a d'autres Karanos non royaux cités par S. M. p. 363), ni l'extraordinaire libéralité de l'hôte qui me semblent probants (il y a des gens immensément riches en ce début d'époque hellénistique, ministres royaux comme Apollonios, fermiers d'impôts comme le père d'Hyrcan qui disposait de 3 000 talents à Alexandrie) ; le seul argument resterait un chiffre de cent-vingt convives, refusé par les éditeurs depuis Casaubon, qui ne retiennent en général que vingt participants. J'ajouterai pour conforter cette tradition un argument de vraisemblance : en 129b, il n'est question que d'un plateau sur lequel est servi un cochon truffé de victuailles diverses, qui sont ensuite distribuées aux convives. Si j'interprète bien le singulier, un cochon truffé pour vingt personnes paraît un met fastueux, pour cent-vingt personnes ce serait un peu maigre !

36 *Cf.* Vössing 2004, p. 66-72 : « Das Bankett der makedonischen Könige » considère que ce sont dans des circonstances exceptionnelles que Philippe et Alexandre boivent le vin pur ; mais, de toute façon, les anecdotes sur leur intempérance ne manquent pas (*cf.* pour Philippe, Athénée X, 435 b-d = Théopompe, *FrgtHistgr*, 308).

tour de plats en bronze à des plats en argent, en argent doré, enfin en verre entouré d'argent : ces plats et les phiales sont l'objet de cadeaux et la valeur des biens reçus par les convives est telle qu'ils partent avec une véritable fortune[37].

3. Les intermèdes viennent distraire les convives entre chaque service : flûtistes de Rhodes (interm. 3), danseurs ithyphalliques, chœurs d'Athéniens qui se produisent, danseuses nues sur des sabres et crachant du feu (interm. 5), chœurs d'Athéniens pour un chant nuptial, danseuses en Nymphes ou en Néréides, serviteurs déguisés en divinités qui portent des torches (interm. 7) et le clou, en fin de banquet, un clown athénien qui danse avec sa femme de 80 ans ! Spectacle qui nous semble bien vulgaire mais qui prend place à côté des représentations de vieilles femmes saoules et de nains difformes appartenant au registre de la statuaire hellénistique[38] : le monstrueux, sous tous ses aspects, faisait partie du spectacle.

Pour apprécier ce genre de prestations, il faut les comparer aux banquets civiques, dont certes les menus, quand on les connaît, étaient plus frustes.

Ainsi aux *Posideia* de Délos, le repas public comprenait[39] :

- viandes : un bœuf, deux béliers, chèvres, un ou plusieurs gorets, un sanglier ;
- produits alimentaires non sanglants : farine, pois chiches, fruits secs (noix raisins, figues), fromages crépinettes, vin de Cnide, de Cos et vin doux, qui serait utilisé pour la fabrication de galettes ; les inscriptions mentionnent aussi des condiments divers, de l'aneth et des produits pour l'assaisonnement (sel, huile et vinaigre).
- On fournissait aussi de la vaisselle, qui pouvait être précieuse : au prytanée de Délos, on rangeait dans une armoire une série de vases en argent qui devaient servir lors des banquets[40]. Rappelons qu'Alcibiade, vainqueur à Olympie, avait servi un formidable

37 Athénée, IV, 130d : les convives rentrent du banquet de Karanos en pouvant acheter des maisons, des champs ou des esclaves !

38 Sur les grotesques et particulièrement la vieille femme saoule, *cf.* Sismondo Ridgway 1990, p. 337-338, pl. 174.

39 Bruneau 1970, p. 260-262.

40 Bruneau 1970, p. 442.

banquet en empruntant de la vaisselle en or à Athènes, qu'il montra lors de la procession[41], de même que Ptolémée II (ou Louis XIV) exposaient leur vaisselle précieuse[42]. La seule différence était qu'elle n'était pas distribuée, ce qui n'était le cas que des banquets héroïques, où l'hôte, Télémaque chez Ménélas, Ulysse quittant les Phéaciens, reçoit de précieux cadeaux[43]. Fleurs pour les couronnes, parfums brûlés en l'honneur des dieux et faiseurs de tours accompagnent aussi les fêtes civiques : L. Robert a montré que les mimes et pantomimes – appelés de façon diverses, mais l'un des termes est celui d'*archaiologos* (!), on trouve aussi, *biologoi* ou « homéristes », qui mimaient des combats héroïques – font leur apparition à l'époque hellénistique et font partie des spectacles en marge des fêtes civiques : aux Dionysies de Délos, sont cités des danseurs, des faiseurs de tours (*thaumatopoioi*) et des montreurs de marionnettes. Le festin civique à Tinos donnait lieu aussi à des divertissements[44].

Concluons :

- la richesse des banquets royaux est un *topos*, qui, certes, peut trouver des précédents dans le luxe oriental, mais qui est en fait bien ancré dans des pratiques grecques du *symposion*, héroïque et civique ; la *tryphé* royale a de solides racines grecques.
- Athénée, dont l'œuvre, à travers une compilation lassante, est une recherche sur les pratiques du *symposion*, et des valeurs de la sociabilité grecque, nous livre les clés du banquet royal : « chez les Anciens, toute réunion pour un *symposion* trouvait sa source dans un service divin et ils se servaient des couronnes des dieux, des hymnes et des chants propres à ce dieu ; et ce n'était pas un esclave qui assurait le service, mais les enfants des hommes libres servaient le vin[45]… ». Ce passage situe clairement la transgression

41 Andocide, IV, 29, Plutarque, *Vie d'Alcibiade*, 4 : *cf.* Hatzfeld 1951, p. 138-139.

42 *Cf.* ci-dessus, p. 88.

43 Homère, *Odyssée*, IV, 589-619 ; VIII, 403-432 ; XIII, 13 : Carlier 1999, p. 272-278.

44 *IG XI* 2, 133, 78 *sq.* ; Robert 1929, p. 433-438 ; *Ibid.*, 1930, p. 106-122 ; *Ibid.*, 1936, p. 235-254 ; Tinos, *cf.* Kontoléon 1951, p. 224-241, où des listes comprennent des flûtistes, des serviteurs et des échansons qui formaient le personnel de banquets tenus au prytanée (*cf.* L. Robert, *BulÉpi*, 1955, 181). Sur les plaisirs au banquet, *cf.* aussi Schmitt-Pantel 2011, p. 355-358 (« *hedoné* et *apaté* »).

45 Athénée, V, 192, b-c.

royale par rapport à la sphère du sacré, mais aussi par rapport au domaine civique : le banquet est devenu un lieu qui reproduit les rapports esclavagistes de la société et n'est plus celui où se manifeste l'égalité entre *homoioi*.

- Le modèle héroïque est lui aussi une façon de s'inscrire dans une tradition et de la transgresser : Karanos fait inscrire un demi-vers d'Homère sur les coupes qu'il donne en cadeau, pratique qui remonte au VIIIe s. av. J.-C., mais il ne s'agit plus de référence littéraire d'une société, fière de se distinguer par sa culture : les rois finissent par s'identifier aux personnages d'Homère comme Alexandre le fit avec Achille[46].
- Non contents de devenir des héros, ils deviennent des dieux : le banquet est le lieu approprié du dionysisme royal, et la salle à manger est conçue comme un *templum*, dont le décor est emprunté à l'architecture sacrée ou dont les parties sont couvertes de feuillage et les sols jonchés de fleurs, comme c'est le cas de la tente de Ptolémée II.
- Banquet « mythique » ou réel, je conviens bien volontiers que la lettre d'Hippolochos à Lynceas est un document essentiel pour comprendre l'idéologie royale ou aristocratique de ce début du IIIe s. quand l'argent pris aux Perses coulait encore à flot. Il me semble que cette description d'un festin tout à fait exceptionnel permet de se faire une idée de ce qui se passait dans les palais, lors des grandes fêtes. Dernier point : l'absence de femmes fait qu'il ne s'agit sans doute pas d'une cérémonie de mariage mais plutôt d'un banquet où Caranos enterrait, entre amis, sa « vie de garçon » (!).

Le banquet royal est le lieu de toutes les transgressions.

46 Cohen, 1995.

BIBLIOGRAPHIE

Arminjon Catherine (dir.), 2007, *Quand Versailles était meublé d'argent, Catalogue de l'exposition*, Paris, RMN.

Azoulay Vincent, 2013, « Entre familiarité et solennité : le banquet des monarques au prisme de l'identité civique », dans Grandjean Catherine *et alii*, p. 53-70.

Babelon Jean-Pierre, 1993, *Versailles et les tables royales en Europe,* XVIIe-XIXe *siècles, Catalogue de l'exposition*, Paris.

Bergquist Birgitta, 1990, "Sympotic space : a Functionnal Aspect of Greek Dining-Rooms", dans Murray Oswyn (ed.), *Sympotica ; A Symposium on the Symposion.* Oxford, p. 37-65.

Borza Eugene, 1983, "The Symposium at the Alexander's Court", *Ancient Macedonia*, III, p. 45-55.

Bousquet Jean, 1988, *Études sur les comptes de Delphes*, Paris, Bibliothèques de l'École française d'Athènes et de Rome.

Bruit L. *et alii*, 2004, Banquet dans *Thescra (Thesaurus Cultus et Rituum Antiquorum)*, II, p. 218-250.

Bruneau Philippe, 1970, *Recherches sur les cultes de Délos à l'époque hellénistique et à l'époque romaine*, Paris, Bibliothèques de l'École française d'Athènes et de Rome.

Calandra Elena, 2011, *The Ephemeral and the Eternal. The Pavilion of Ptolemy Philadelphos in the Court of Alexandria*, Athènes.

Capdetrey Laurent, « La "table du roi" : une institution hellénistique ? », dans Catherine Grandjean, Christophe Hugoniot et Brigitte Lion (dir.), 2013, *Le Banquet du monarque dans le monde antique*, Rennes – Tours, Presses universitaires de Rennes – Presses universitaires François-Rabelais, p. 173-198.

Carlier Pierre, 1999, *Homère*, Paris, Fayard.

Cohen Ada, 1995, « Alexander and Achilles – Macedonians and "Mycenians" ». dans Carter Jane B. et Morris Sarah P. (eds.), *The Ages of Homer : a tribute to Emily Townsend Vermeule*, Austin, p. 483-505.

D'Angelo Tiziana, [2009] 2011, « Un "symposion" in 4D : spazio e memoria nel fregio della facciata della tomba di Agios Athanasios » dans La Torre Giacchino Francesco et Torelli Maria (eds.), *Pittura ellenistica in Italia e in Sicilia, Linguaggi e Tradizioni, Convegno di Studi*, Messina.

Ducrey Pierre, Metzger Ingrid R. et Reber Karl, 1993, *Le Quartier de la maison aux mosaïques, érétria* 8, Lausanne.

Étienne Roland, 1998, c.r. Hœpfner, Brands, 1996. *Topoi*, 8, p. 347-355.

Étienne Roland, 2002, « La Macédoine entre Orient et Occident : essai sur l'identité macédonienne au IVe s. av. J.-C. » dans Müller Christel et Prost Francis, p. 253-275.

Étienne Roland, 2006, *Architecture palatiale et architecture privée en Macédoine, IVe-IIe s. av. J.-C.* dans Guimier-Sorbets Anne-Marie, Hatzopoulos Miltiade B., Morizot Yvette (dir.), *Rois, Cités et Nécropoles. Meletimata*, 45, p. 105-116.

Goukowsky Paul, 1981, *Essai sur les origines du mythe d'Alexandre (336-270 av. J.-C.)*, II, *Alexandre et Dionysos*, Nancy.

Grandjean Catherine *et alii* 2013, *Le Banquet du monarque dans le monde antique*, Rennes-Tours.

Hatzfeld Jean, 1951, *Alcibiade, Étude sur l'histoire d'Athènes à la fin du Ve s.*, PUF, Paris.

Heinen Heinz, 1983, « Die Tryphé des Ptolemaios VIII Evergetes II. Beobachtungen zum ptolemäischen Herrschaftsideal und zu einer römischen Gesandtschaft in Ägypten (140/39 v. Chr. », dans Heinen Heinz *et alii* (eds.), *Althistorische Studien, Herrmann Bengston z. 70 Geb.*, Wiesbaden, p. 116-128.

Hellmann Marie-Christine, 2006, *L'Architecture grecque 2, Architecture religieuse et funéraire*, Paris, Picard.

Hœpfner Wolfram, 1996, « Zum Typus der Basileia und der königlichen Andrones », dans Hoepfner Wolfram et Brands Gunnar, p. 1-43.

Hoepfner Wolfram et Brands Gunnar, 1996, *Basileia. Die Paläste der hellenistischen Könige. Internationales Symposion in Berlin 1992*, Mayence.

Kontoléon N., 1951, « Ἐπιγραφαί ἐκ Τήνου », dans *Géras A. Keramopoulou*, p. 224-241.

Leroux Gabriel, 1913, *Les Origines de l'édifice hypostyle, en Grèce, en Orient et chez les Romains*, Paris.

Milanezi Silvia, 2013, « Les noces de Caranos de Macédoine », dans Grandjean Catherine *et alii*, p. 343-372.

Mittag Peter Franz, 2006, *Antiochos IV Epiphanes, Eine politische Biographie*, Berlin.

Murray Oswyn, 1996, « Hellenistic royal symposia » dans Bilde Per et *alii* (eds.)., *Aspects of hellenistic kingship*, Aarhus, p. 15-27.

Murray Oswyn, 2003, « Sympotica-Twenty Years On » dans Orfanos Charalampos et Carrière Jean-Claude (eds.), *Symposium. Banquet et représentations en Grèce et à Rome*, *Pallas*, 61, Presses universitaires du Midi, p. 13-21.

Nadeau Robin, 2010a, « Penser les banquets grecs et romains, entre représentation et pratique », *Ktema*, p. 3-117.

Nadeau Robin, 2010b, *Les Manières de table dans le monde gréco-romain*, Rennes.

Néraudeau Jean-Pierre, 1986, *L'Olympe du Roi-Soleil*, Paris, Les Belles Lettres.

Pelletier André (trad.), 1962, *Lettre d'Aristée*, *Sources chrétiennes*, Paris.

Radet Georges, 1931, *Alexandre le Grand*, Paris, Picard.

Robert Louis, 1929, « Epigraphica VIII Au Théâtre de Delphes », *REG*, p. 433-438.

Robert Louis, 1930, « Pantomimen im griechischen Orient », *Hermès*, p. 106-122.

Robert Louis, 1936, « ΑΡΧΑΙΟΛΟΓΟΣ », *REG*, p. 235-254.

Robinson David M. (dir.), 1938, *Excavations at Olynthus*, VIII. Baltimore.

Sauron Gilles, 2000, *L'Histoire végétalisée. Ornement et politique à Rome*, Rome, Picard.

Schäfer Alfred, 1997, *Unterhaltung beim griechischen Symposion, Darbietungen, Spiele und Wettkämpfe von homerischer bis in spätklassische Zeit*, Mayence.

Schmitt Pantel Pauline, 2011, *La cité au banquet, Histoire des repas publics dans les cités grecques*, Paris, 2e éd. revue.

Schmitt Pantel Pauline, 2012, « Les banquets dans les cités grecques : bilan historiographique », dans *DHA*, Suppl 7, – *L'histoire de l'alimentation dans l'Antiquité, Bilan historiographique*, Besançon, p. 73-93.

Sismondo Ridgway Brunilde, 1990, *Hellenistic Sculpture I, The styles of ca. 331-200 B.C.*, Wisconsin.

Studniczka Franz, 1914, *Das Symposion Ptolemaios II. nach der Beschreibung des Kallixeinos wiederhergestellt, Abh. Königl. Sächs. Ges. Wiss., phil-hist* Kl, 30, 1. Leipzig.

Tarn William Woodthorpe, 1950, *Alexander the Great*, II, Cambridge.

Tomlinson Richard Alan, 1970, « Ancient Macedonian Symposia », *Ancient Macedonia*, I, p. 308-315.

Tondriau Julien, 1946, « Les thiases dionysiaques royaux de la cour ptolémaïque », *CE* 41, p. 149-171.

Tondriau Julien, 1948, « La tryphé, philosophie royale ptolémaïque », *REA* 50, p. 49-54.

Touratsoglou Ioannis, 1996, *La Macédoine, Histoire, Monuments, Musées*, Athènes.

Tsimbidou-Avloniti Maria, 2006, « La tombe macédonienne d'Hagios Athanasios près de Thessalonique » dans Guimier-Sorbets Anne-Marie, Hatzopoulos Miltiade B., Morizot Yvette (dir.), *Rois, Cités et Nécropoles. Meletimata*, 45, Athènes, p. 321-331.

Vial Claude, 1984, *Délos indépendante*, *BCH* Suppl. X.

Villard Pierre, 1989, *Recherches sur l'ivresse dans le monde grec.* Aix-en-Provence (thèse inédite).

Vössing Konrad, 2004, *Mensa Regia, Das Bankett beim hellenistischen König und beim römischen Kaiser*, Leipzig.

LE ROI CHASSE[1]

Le roi est par essence chasseur et ses exploits à la chasse sont l'équivalent de ses faits d'arme à la guerre. La frise de la tombe de Philippe II vient opportunément rappeler cette évidence dans la formation et l'idéologie du souverain grec. Ce dernier affrontait communément les grands fauves, lions et sangliers, qu'il devait tuer sans filet pour avoir le droit de prendre part au symposium couché (d'après Hégésandros, Athénée I, 18a). Mais sur la frise du tombeau royal macédonien apparaît aussi une chasse à l'ours, qui ne fait pas partie du corpus des représentations de l'art grec avant le IVe siècle av. J.-C. et, même à cette date, elle n'occupe qu'une place secondaire à côté de la chasse au lion et au sanglier[2]. Aucun des célèbres héros chasseurs de la mythologie, Héraclès ou Thésée, ne se mesure à cet animal. On ne peut certainement pas attribuer cette singularité à la rareté des ours en Grèce ou dans le monde grec, car leur présence est bien attestée par les textes littéraires, que nous aurons l'occasion d'analyser ci-dessous[3]. Mais ce n'est pas sur cette singularité de l'imagerie de la chasse à époque ancienne que nous nous interrogerons ; nous nous proposons d'examiner les représentations des chasses à l'ours au IVe s. av. J.-C. et de discuter les conclusions que l'on a cru pouvoir tirer de la multiplication, toute relative, de ce type de scènes.

1 Le texte que l'on lira ci-dessous est une version remaniée de R. Étienne, « La chasse à l'ours », dans A. Avram, M. Babeş (eds.), *Civilisation grecque et cultures antiques périphériques, Hommage à Petre Alexandrescu à son 70e anniversaire*, Bucarest, 2000, p. 68-75 et pour la chasse au lion de R. Étienne, « La Macédoine entre l'Orient et l'Occident », dans Müller, Prost 2002, p. 253-275.

2 *Cf.* B. Tripodi 1991, p. 181 et ci-dessous, p. 108-114; sur les chasses homériques, *cf.* A. Schnapp-Gourbeillon 1981 et sur les images de la chasse, *cf.* A. Schnapp, 1997. Sur la chasse aux sangliers dans la formation des Macédoniens, *cf.* Hatzopoulos 1994, p. 93 *sq.*

3 *Cf.* p. 103 ; p. 105.

EN PASSANT PAR VERGINA ET LA LYCIE : LA CHASSE À L'OURS SUR LES MONUMENTS

Le corpus, assez restreint, ne mériterait pas d'être repris s'il n'avait pas été enrichi par la frise de la grande tombe royale de Vergina, et s'il ne se trouvait, depuis lors, au centre d'un débat sur le caractère de cette frise et des thèmes de l'iconographie royale macédonienne. À vrai dire, l'ours a moins intéressé que le lion, mais tous les deux servent à alimenter, avec plus ou moins de nuance, l'idée que l'inspiration de la frise est d'origine « orientale », ce qui met en jeu, à travers le choix des images, le caractère même de la monarchie macédonienne[4] : quelle que soit la date de la tombe et de la frise[5], est-ce dans l'Orient achéménide qu'il faut aller chercher le système de référence symbolique mis en place par les monarques d'Aigai et de Pella ?

Loin de nous la prétention de croire que nous réglerons cette question en ne nous intéressant qu'à la peau d'un ours, mais nous croyons qu'il est utile de poser quelques problèmes de méthode pour faire progresser les débats.

4 Briant 1991 et Tripodi 1991.

5 J'ai pris position en faveur de Philippe II en suivant les conclusions de son inventeur, M. Andronicos : *cf.* Étienne, Muller, Prost 2000, p. 276 *sq.* ; mais le débat est relancé périodiquement par les paléoanthropologues qui discutent de la réalité ou non de la blessure à l'œil droit : *cf.* Bartslokas 2000. Parmi les archéologues, les partisans d'influences orientales sur la frise attribuent, bien sûr, la tombe à Philippe Arrhidée, c'est à dire la situent après la conquête de l'empire perse : *cf.* Briant 1991, Tripodi 1991 et Petridou-Gorecki 1996 ; dans le même sens : Borza, Palagia 2007, p. 81-123 qui réouvrent toutes les pièces du dossier pour conclure que le tombeau est celui Philippe Arrhidée. Pour notre propos, la date de la tombe importe peu ; en tout cas, je montre ici, et j'aurai l'occasion d'y revenir ailleurs, que les influences orientales, si elles existent, n'expliquent rien et que l'iconographie, comme les objets de prestige contenus dans la tombe, appartiennent au domaine de la Grèce du Nord et relèvent de l'idéologie royale macédonienne, qui revendiquait un authentique hellénisme. Nous suivons Hatzopoulos 2008, *cf.* ci-dessus, p. 25-26.

REPRÉSENTATIONS DE CHASSE À L'OURS

Sidon

R. FLEISCHER, *Der Klagefrauensarkophag aus Sidon, Ist. Forschungen* 34 (1983) ; milieu du IVe s. (367-361/358 av. J.-C., s'il s'agit de Straton).

Représentation sur les quatre côtés de la frise du socle (hteur 10,8 cm) de chasses aux animaux : ours (Taf. 12), sangliers, lionnes, cerfs. Les chasseurs sont vêtus de costumes orientaux.

Lycie

P. DEMARGNE, *Tombes-maisons, tombes rupestres et sarcophages, Fouilles de Xanthos* 5 (1974), p. 61-87, sarcophage de Payava ; 370-350 av. J.-C. Sur la poutre faîtière (hteur 34 cm) sont figurés d'un côté un combat et de l'autre des scènes de chasse : cerf, sanglier et ours dressé devant un cavalier (Pl. 34).

W. A. P. CHILDS et P. DEMARGNE, *Le monument des Néréides, Le décor sculpté, Fouilles de Xanthos* 8 (1989), p. 187-188 et p. 280-281 ; vers 380 av. J.-C.

Frise d'entablement sur la façade principale (hteur 14,5 cm) : scènes de chasse à l'ours (pl. 115) et au sanglier ; capture d'un cheval sauvage (?).

F. EICHLER, *Die Reliefs des Heroon von Gjölbaschi-Trysa*, 1950, mur Nord, à droite, frise supérieure, scènes de chasse, p. 68-69 (hteur 36 cm) ; pour la date, 380-370 av J.-C., *cf.* X. A. P. CHILDS, « Prolegomena to a Lycian Chronology, II : The Heroon from Trysa », *RA*, 1976, p. 281-316.

Scènes de chasses contre des animaux variés, sangliers, panthère et ours (Taf. 26-27, A 15)[6].

J. ZAHLE, "Lykische Felsgräber mit Reliefs aus dem 4. Jahrhundert v. Chr. », *JDAI* 94 (1979), p. 245-346 ; cat. 52 (Muskar), p. 306-309, Abb. 35 ; vers 380 av. J.C. Relief rupestre représentant un homme aux prises avec un ours ; l'homme a une taille de 1,77 m et l'ours est haut de 1,33 m. Ce relief isolé, sans rapport direct avec la tombe, est unique en Lycie.

Ibid., cat 69, p. 344-345, Abb. 69.

Sarcophage (?) avec représentation d'une chasse à l'ours.

6 Le relief est mal conservé et l'espèce de la bête chassée sur la plaque A15 n'est pas assurée : *cf.* Zahle, *JDAI* 94 (1979), p. 309.

Macédoine

M. Andronicos, *The Royal Tombs ant the Ancient City*, 1984 ; tombe de Vergina, attribuée par l'inventeur à Philippe II (datation controversée, *cf.* ci-dessus, p. 25-26).

Représentations de chasse : sanglier, lion, cerf et ours. L'ours est touché par un épieu et en brise un autre dans sa gueule.

QUE DIRE D'UN TEL CORPUS ?

Bruno Tripodi en conclut, après une étude du bestiaire figurant dans la chasse de Vergina :

> L'ours, absent des images de la chasse grecque et de toute autre représentation iconographique en Macédoine, est souvent présent dans les représentations funéraires d'Orient, de même qu'il est attesté par les sources littéraires comme un gibier tant pour le Grand roi que pour les Macédoniens en Orient...Donc, des quatre espèces d'animaux chassés sur la fresque, les deux premières, le cervidé et le sanglier, sont celles qui, comme on l'a vu, présentent des connotations grecques, mais pas seulement, puisque les deux animaux, mais surtout le sanglier, constituent les proies les plus fréquentes sur les reliefs funéraires d'Asie mineure...Pour les deux autres bêtes sauvages, le lion et l'ours, je pense qu'en est évident le caractère oriental[7]...

Laissons de côté le lion qui est un familier de l'iconographie grecque des chasses héroïques[8] ; on aurait bien du mal, à mon sens, à distinguer ce qui relève en Macédoine d'une tradition grecque – la monarchie des Argéades orchestrant sa descendance héracléenne – et ce qui pourrait être attribué à une imitation directe d'une idéologie « orientale ».

En revanche, l'apparition de la chasse à l'ours sur les reliefs de la sphère d'influence perse en Lycie dès 380, en Phénicie un peu avant le milieu du siècle pose un double problème de méthode : est-on en droit de dire que c'est là la source de l'imagerie des chasses de Vergina, qui ne peut être que postérieure[9], ou faut-il supposer à cette création un modèle « oriental » commun, élaboré à la cour des rois de Perse ?

---

7 Tripodi 1991, p. 181.

8 Schnapp-Gourbeillon 1981, p. 43 fait justement remarquer qu'il n'y a pas dans l'Iliade de chasses au lion intentionnelles ; des chasseurs de sangliers, de biches ou d'autres animaux peuvent se heurter à un lion affamé.

9 La tombe date, au plus tôt, de la mort de Philippe II en 336 ; sur cette date, ci-dessus, p. 25-26.

Il me semble évident, même s'il faut se défendre des évidences en la matière, que les souverains macédoniens n'ont pas fait copier des reliefs lyciens qui n'avaient rien de particulièrement prestigieux et qui ne pouvaient passer pour des *mirabilia.* J'ai pris soin de noter dans le catalogue la taille et la place de ces chasses à l'ours : les frises, où apparaissent de telles scènes, ne sont guère mises en valeur sur les monuments qu'elles ornent. Seule la chasse du Monument des Néréides figure sur une façade principale, mais, taillée dans un bloc de l'entablement et ne mesurant que 14,5 cm de haut, elle était à peine visible pour les spectateurs. Qui plus est, ces reliefs ne se distinguent ni par la qualité du travail ni par l'imagination de la mise en scène.

Par ailleurs, l'ours n'apparaît jamais comme un gibier du Grand roi et il ne fait pas partie, au contraire du lion, de l'imagerie royale achéménide[10]. Certes, un texte de Xénophon atteste bien que Cyrus l'a chassé[11], avec d'autres bêtes sauvages, dans ses « paradis » orientaux, mais rien ne permet de supposer que l'ours ait été particulièrement valorisé : en tout cas aucune image ne répond au texte de l'Athénien. Je ne sais si l'auteur de la Cyropédie avait des informations précises sur le sujet ou s'il ne faisait que traduire ce que l'iconographie de son époque nous montre, à savoir que la chasse aux fauves est un passe-temps royal, en Macédoine comme en Perse. Les images de Vergina et de Lycie ne semblent pas dépendre d'un modèle commun élaboré au centre de l'empire perse.

Rappelons plutôt que, de la Lycie à Sidon, ce sont des ateliers grecs qui travaillent pour les dynastes locaux et que, selon toute probabilité, ce sont eux qui élaborent les schémas valorisants de l'iconographie des rois et des dynastes. En Macédoine, ils pouvaient les emprunter à des régions plus proches que le lointain Orient et/ou les puiser directement dans la grande tradition des mythes grecs.

---

10 *Cf.* sur le lion Briant 1991 et de façon générale sur l'imagerie royale achéménide, Briant 1996, p. 217-265 : « Repésentations royales et idéologie monarchique ».

11 Xénophon, *Cyropédie* I, 4, 7 et IV, 6, 3.

EN PASSANT PAR LA THRACE : LE HÉROS THRACE ET LA CHASSE À L'OURS

Ceux qui se sont occupés de la chasse de Vergina ont complètement négligé de s'intéresser à la Thrace. Sans doute cette région limitrophe de la Macédoine et qui passe sous son contrôle politique à l'époque de Philippe II n'a-t-elle pas livré de documents comparables à la fresque de la tombe royale ou aux reliefs lyciens, mais s'il est une région où la tradition de la chasse à l'ours est bien implantée, c'est bien celle-là.

On mesure l'importance de cette coutume grâce aux représentations figurant sur les appliques en argent doré du trésor de Letnica, auxquelles P. Alexandrescu a consacré quelques pages éclairantes[12]. Sur les vingt-trois éléments de harnais qui ont été réunis, au moins un (n° 13) présente clairement une chasse à l'ours (Fig. 18). Je n'hésite pas à reproduire la description qu'en donne notre savant ami, car elle importe pour la suite de notre propos :

> Cavalier vers la gauche, les cheveux lisses et coupés court, barbe en collier, vêtu du costume mède et d'une cuirasse à écailles aux manches courtes. La jambe gauche est protégée par une cnémide décorée d'un *gorgoneion* et, sur le dos, il porte un carquois. Il brandit de sa droite le javelot et tient de sa gauche les rênes du cheval au galop. Au pied de la monture gît un sanglier, tombé sur le dos, les pattes en l'air. Devant le cavalier, un ours, dressé sur les pattes de derrière, attrape le genou du cheval. Sa tête est grande, aux petites oreilles rondes, un bourrelet de fourrure autour du cou, les pattes aux orteils marqués. La fourrure est stylisée "en houppe". Rangée d'oves sur les deux côtés[13].

Il est possible que deux autres plaques (n° 6 et 12) aient aussi porté une figure d'ours, mais les animaux sont trop maladroitement représentés pour que l'on puisse en juger avec certitude. Il est clair en tout cas que ces plaques soulignent la valeur de la chasse aux bêtes sauvages dans le cadre de la mythologie et/ou de la vie quotidienne en Thrace au milieu du IVe s. Je ne réouvrirai pas le débat concernant la nature du personnage à cheval, car cette question n'intéresse pas directement le sujet dont je traite ici, et la réponse sort de mes compétences : l'herméneutique de l'iconographie de la Thrace classique est un domaine pour initiés, où

---

12 Alexandrescu 1999, p. 221-227 et p. 269-279.

13 Alexandrescu 1999, p. 224.

P. Alexandrescu et son épouse se sont illustrés[14]. Mais je soulignerai quelques traits qui importent à mon propos.

P. Alexandrescu a sans doute raison d'insister sur le rôle des schémas achéménides pour expliquer ces scènes de chasse, mais je serais peut-être plus sensible que lui au caractère local d'une synthèse qui mêle les traits orientaux, les traits grecs et les croyances locales. J'en donnerai quelques exemples. Le savant roumain attribue aux influences de la Perse le costume du guerrier de Letnica, mais, comme il le fait lui-même remarquer, sur un autre harnais, celui de Lukovit, les chasseurs sont vêtus à la grecque, d'un chiton et d'une chlamyde[15] ; cela ne signifie-t-il pas que le vêtement oriental ou occidental est porté indifféremment dans les scènes de chasse ? En revanche, je ne sais où trouver en Grèce ou dans le domaine achéménide des coiffures formant un toupet sur le sommet du crâne ou une scène comparable à celle, très réaliste, de la « hiérogamie[16] » : pour un spécialiste de la Grèce classique, ces images ont une forte saveur locale, dans la forme et dans le fond.

N'est-ce pas le moment de rappeler un texte d'un auteur tardif, Porphyre, qui rapporte dans sa *Vita Pythagorae* une tradition certainement bien établie, puisque, depuis Hérodote, l'histoire de Zalmoxis est liée à celle du philosophe de Samos ? Le dieu Zalmoxis, qui occupe une place fort importante dans le panthéon thrace, aurait, dès sa naissance, été couvert d'une peau d'ours et, poursuit l'écrivain, la peau de l'ours en Thrace se nommait *zalmos*[17]. Ce n'est pas suffisant pour faire de Zalmoxis un dieu des ours, comme l'Artémis de Brauron, mais cela confère aux ursidés une place à part dans la mythologie de la Thrace classique. Dans ces conditions, pourquoi faudrait-il supposer à la chasse à l'ours de Vergina des origines orientales plutôt que des racines locales ? N'est-elle pas bien ancrée dans la réalité des modes de vie comme dans l'imaginaire des peuples du Nord de l'Égée[18] ?

---

14 Alexandrescu 1999 et Alexandrescu-Vianu 1980.

15 Alexandrescu 1999, p. 262-269 sur le costume mède et p. 271 sur les plaques de Lukovit.

16 Marazov 1997, p. 162-163 n° 92 pour la « hiérogamie » et p. 164, n° 93 pour le cavalier coiffé avec un toupet.

17 Porphyre, *Vita Pythagorae, 14* ; Hérodote IV, 95, *cf.* sur Zalmoxis, Alexandrescu 1999, p. 293-303 et Eliade 1970, p. 31-80 et particulièrement p. 52.

18 Le livre récent de Archibald 1998 permet de se faire une idée précise de ces solidarités entre les civilisations matérielles de la Thrace et de la Macédoine ; comme l'auteur l'a montré, le pectoral d'argent doré qui se trouve dans la tombe de Vergina est typique de ces objets de prestige guerrier appartenant à l'aire gréco-macédonienne.

FIG. 18 – Letnica, pièce de harnais, chasse à l'ours (Alexandrescu 1999, Pl. 27, 3).

RETOUR AUX SOURCES : L'OURS ET LES HÉROS HOMÉRIQUES

Je ne prétends pas que la « lecture » thrace de la chasse à l'ours sur la tombe de Vergina soit la seule possible, ni même, comme je vais le montrer ci-dessous, la plus simple et la plus riche. Je tenais seulement, dans un premier temps, à souligner qu'il n'était pas nécessaire d'aller chercher dans un lointain « Orient » des modèles iconographiques qui se trouvent en fait dans la même aire culturelle.

Je ne suis pourtant pas enclin à privilégier une lecture « locale » de la chasse à l'ours, car les références les plus proches – fournissant la clé de la scène – ne sont pas, à mon sens, d'ordre iconographique, mais d'ordre littéraire et se trouvent déjà dans Homère. Certes, l'ours ne fait pas partie du bestiaire homérique, tel que l'a bien étudié A. Schapp-Gourbeillon[19].

19 Schnapp-Gourbeillon 1981.

Toutefois, la seule référence qui est faite à cet animal dans l'Odyssée me semble intéresser directement notre propos : Achille descend aux enfers où il rencontre Héraclès, dont le poète décrit la panoplie en ces termes :

> sa poitrine portait le baudrier terrible et le ceinturon d'or, où l'on voyait gravés, merveille des chefs d'œuvre, des ours, des sangliers, des lions aux yeux clairs, des mêlées, des combats, des meurtres, des tueries… (*Odyssée* XI, 609-612).

Il n'est pas question de chasse, mais il est évident qu'il est fait allusion en ces vers aux proies du héros chasseur par excellence. Il se trouve que l'iconographie et la légende ne connaissent pas de scènes mettant en rapport Héraclès et l'ours, mais il ne fait pas de doute que l'ours appartient à la série des bêtes que l'on cite comme un *topos* chaque fois qu'il est question de chasse « sauvage ». Au *topos* littéraire répond le *topos* iconographique de la frise de Vergina. Comme il ne fait aucun doute que le rituel utilisé pour enterrer le défunt à Vergina, dans un manteau de pourpre déposé dans un coffret d'or, est directement issu de la lecture des poèmes homériques[20], je serais tenté de croire que le choix des animaux dans la chasse de Vergina a moins à voir avec la royauté achéménide qu'avec le bestiaire homérique, moins avec le monde « oriental » qu'avec celui des héros. D'ailleurs, sur la frise, le cavalier de droite porte la *léonté* ce qui fait, à mon sens, basculer incontestablement la scène du côté du monde héroïque ; ajoutons que la nudité de certains chasseurs, même si elle a également une valeur « sociale », permettant de distinguer une classe d'âge et une fonction[21], me semble relever du même système d'explication ; la nudité n'est-elle pas dans l'art grec l'apanage des héros ?

Il est, je crois, intéressant de poursuivre l'enquête jusqu'à la tradition littéraire récupérée par Rome. Stace décrit en ces termes l'éducation d'Achille par le centaure Chiron (Stace, *Achilléide* II, v. 121-125, traduction J. Méheust, Belles-Lettres, 1971) :

> Jamais Chiron ne m'a permis de poursuivre les daims pacifiques à travers l'impraticable Ossa ou d'abattre d'une flèche les lynx craintifs, mais il m'autorisait à aller troubler dans leurs tanières les ours maussades et les sangliers à l'attaque foudroyante, éventuellement aussi un tigre de grande taille ou une lionne, avec ses lionceaux, dans une caverne retirée de la montagne.

---

20 Andronicos 1984, p. 170 (édition grecque).

21 *Cf.* sur ce point les analyses éclairantes de Hatzopoulos 1994, p. 92-111.

La scène se passe en Thessalie, où B. Helly a fait la preuve que le lion existait encore à l'époque classique[22] et l'on pourrait retrouver en ces vers l'évocation d'un paysage comparable à celui qui figure sur la frise de Vergina. Mais je ne discuterai pas du caractère réaliste ou non de la scène évoquée par le poète, car c'est la liste « canonique » des animaux sauvages qui intéresse notre propos : il est clair que l'ours, le sanglier, le lion ou le tigre sont des gibiers pour héros ; c'est déjà ce que mettaient en scène et en valeur les artistes de la capitale macédonienne sur la tombe de leur roi. Quand on sait d'autre part qu'Achille est le modèle d'Alexandre[23], on peut se demander, à bon droit, si Stace ne se fait pas l'écho d'une tradition, remontant incontestablement à Homère, qui donne les clés ou, à tout le moins, la meilleure « lecture » de la frise de Vergina[24]. C'est dans la tradition homérique, fondement de la *paideia*, qu'il faut aller chercher la signification des images royales macédoniennes : la chasse à l'ours n'est qu'un élément d'une imagerie qui sert à tisser des liens entre le monde des rois et celui des héros[25].

Je croirais volontiers qu'il en est de même dans la Lycie hellénisée du IVe s., à moins que, comme en Thrace, une tradition locale d'un héros tueur d'ours n'ait développé ses propres images en marge de la tradition grecque.

LA CHASSE AU LION

La chasse au lion, mieux représentée, dans l'iconographie traditionnelle de la monarchie conduit aux mêmes conclusions.

Il semblerait que la représentation de la chasse au lion sur la frise peinte de Vergina, dans la tombe dite de « Philippe II », soit à mettre en rapport avec les chasses aux lions propres à l'idéologie royale dans l'Orient achéménide. Ce rapprochement, qui paraît « naturel » et bien

22 Helly 1968.

23 Cohen 1995.

24 Faut-il rappeler que, selon toute probabilité, le bouclier de parade trouvé dans la tombe porte une représentation d'Achille et de Penthésilée : *cf.* Andronicos 1984, p. 134-135 (éd. grecque) ?

25 Schnapp 1997, p. 390-402 : « Les reliefs : le prince et le héros ».

documenté, soulève pourtant plus d'un problème de méthode, comme le montre l'article de P. Briant, paru dans les *Dialogues d'histoire ancienne* en 1991, dont nous suivrons le raisonnement.

La documentation écrite atteste abondamment qu'Alexandre fut un chasseur passionné de lions et qu'il organisa de grandes battues aux fauves en Asie, au moment de la conquête. Certaines de ces chasses se déroulèrent dans les réserves constituées par les souverains achéménides et que les Grecs appelaient « paradis ». Le lien entre Alexandre et les Perses se fait sans mal par les textes et l'iconographie qui montrent la valeur idéologique de la chasse au lion sous les prédécesseurs orientaux du grand conquérant. Il suffit de rappeler que le sceau de Darius I portait une représentation du roi sur un char, tuant un lion dressé sur ses pattes arrière.

La question se pose alors de savoir si Alexandre fut l'introducteur en Macédoine de ce type de chasse aux grands fauves et du développement conjoint d'une imagerie royale de la chasse au lion (ce qui, on en conviendra, n'est pas tout à fait la même chose). Notons tout de suite qu'une réponse positive à cette question serait bien intéressante d'un point de vue historique car elle donnerait un *terminus* décisif pour la date de la frise, qui ne pourrait être antérieure à la conquête de l'Orient. Quoique partisan de cette date « basse », P. Briant montre les difficultés qu'il y a à conclure positivement en ce sens et même toutes les raisons pour penser le contraire : ne citons que la monnaie d'Amyntas III (389-369 av. J.-C), représentant au droit un cavalier brandissant un javelot et, au revers, un lion qui, selon l'analyse convaincante de W. S. Greenwalt, a brisé un premier épieu que lui a lancé le cavalier chasseur[26].

Il semble bien établi que la réalité – la chasse au lion[27] – et l'idéologie – le lien entre ce type de chasse et la maison royale macédonienne – sont bien antérieures à l'époque d'Alexandre le Grand. Mais ces images et ces pratiques ont-elles quelque chose à voir avec l'idéologie et l'iconographie achéménide ? P. Briant donne, à mon sens, la réponse quand il fait remarquer que la figure du roi chasseur n'appartient pas à l'iconographie monumentale perse[28] et, par ailleurs, le style des représentations du roi

26 Briant 1991, p. 239-240 et Greenwalt 1993, p. 515-516.

27 Il est bien établi que l'on chassait le lion en Thessalie, *cf.* B. Helly 1968.

28 Briant 1996, p. 244 : « absentes dans les palais, les scènes de chasse sont innombrables sur les empreintes et les cachets ».

chasseur de lion dans la petite glyptique n'a rien à voir avec les images macédoniennes : sur le sceau de Darius, emblématique à cet égard, le roi est dans son char, la pose est hiératique et le lion se dresse sur ses pattes arrière, selon un schéma repris de l'art assyrien et néo-babylonien. On a bien du mal, à vrai dire, à parler d'imitateurs et d'imitation quand rien de comparable aux représentations de la chasse macédonienne ne se laisse voir au centre du pouvoir perse. Les exemples proviennent en fait de l'art satrapique de Lycie et de Phénicie, mais il resterait à prouver que « l'influence » ait pu venir directement ou indirectement de ces régions, ce que nous examinerons ci-dessous.

En revanche il serait plus intéressant de remarquer, comme le fait W. S. Greenwalt, que, dans la Thrace toute proche, l'image du cavalier-chasseur est plutôt un thème commun : "it seems likely that the Argead use of the Rider must be associated with the iconographical tradition which developped throughout the northern Aegean, and wich is today much commonly referred us the 'Thracian Rider' "[29]. Nous reviendrons sur ces solidarités régionales en traitant notamment du pectoral faisant partie des objets retrouvés dans la tombe : retenons que, pour ne s'en tenir qu'au roi chasseur de lion, il y a une tradition locale susceptible d'expliquer l'apparition de cette image sur la frise de Vergina. Mais il ne convient pas d'en rester au roi chasseur de lion : pourquoi privilégierait-on cette scène dans un ensemble qui comporte la mise à mort de quatre animaux : le sanglier, la biche, le lion et l'ours ?

CHASSES MULTIPLES

C'est le mérite de B. Tripodi, dans la même livraison des *Dialogues d'histoire ancienne*[30], d'avoir tenté de rendre compte de l'ensemble de la scène.

Je ne retiens de cet article fort riche que ce qui concerne la chasse « multiple » : l'auteur désigne par là des représentations où le personnage central, souverain ou dynaste, participe à la mise à mort de plusieurs

29 Greenwalt 1993, p. 516.
30 Tripodi 1991.

espèces de gibier. La frise de Vergina s'insère dans une série de représentations de ce type, figurées sur les monuments funéraires des dynastes de Lycie ou les sarcophages des satrapes de Sidon, ce qui autoriserait la conclusion selon laquelle (p. 171) :

> *dal punto di vista tematico-compositivo si spiega solo dopo uno stretto e diretto contatto col mondo d'Asia Minore e del Vicino Oriente.*

Quant aux bêtes chassées (p. 181) :

> *E dunque, delle quattro specie di animali cacciati nel fregio, le prime due, i cervidi ed il cinghiale, sono quelle che presentano connotazioni anche, ma non solo, greche, dato che, come s'e visto, entrambi gli animali, il cinghiale segnatamente, constituiscono le prede più frequenti nei relievi funerari d'Asia Minore. Nelle altre due fiere, il leone et l'orso, credo sia evidente il carattere di referenze ideologiche orientali.*

Or, nous venons de voir que la chasse au lion en Macédoine relevait d'une tradition locale et je viens de montrer que l'ours était bien à sa place dans un contexte thraco-macédonien[31]. Dans ces conditions, comme le cerf et le sanglier sont, par excellence, les bêtes chassées en Grèce[32], rien dans le bestiaire de Vergina n'est susceptible de nous convaincre du caractère « oriental » de cette chasse. Il en est de même de l'espace où se déroule la scène : rien dans la disposition des lieux ou dans ce que l'on reconnaît de l'essence des arbres ne rappelle l'Orient, comme l'a fermement noté A. Petridou-Gorecki[33].

En somme, il est fort difficile de détecter le moindre élément perse dans la frise de Vergina[34] : bien plus, tout y obéit à des codes grecs

31 Ci-dessus, p. 104-105.

32 Schnapp 1997 ; pour la chasse au sanglier, comme typiquement macédonienne, *cf.* Briant, 1994, 303-305.

33 Pekridou-Gorecki 1996, p. 95 ; Briant 1991, p. 230-236, « Paradis macédonien », essaie de montrer que quelques textes laissent à penser que les Macédoniens ont pu adopter la coutume des paradis perses bien avant la conquête d'Alexandre. Tout ce que l'on peut montrer en fait, est qu'il existait des réserves de chasse en Macédoine, comme il ressort clairement du texte de Polybe XXXI, 29. De toute façon, quoiqu'il en soit, le paysage représenté sur la frise n'a rien d'oriental, et c'est ce qui me semble important.

34 Je laisse volontairement de côté le vase attique de Léningrad, du peintre de Xénophantos, qui représente des scènes de chasse dans un contexte perse, puisque l'un des principaux protagonistes est désigné par une inscription comme « Darius ». Il s'agit d'une vision entièrement grecque, transposant en image une Cyropédie et mêlant les scènes de la vie du roi à des combats d'Orientaux contre des bêtes fantastiques ; très curieusement l'espace est marqué par des colonnes végétalisées portant des trépieds delphiques (?) :

de représentation, au premier rang desquels on placera la nudité de la plupart des protagonistes, tout à fait étrangère à l'art aulique des Achéménides[35]. Quant au thème de la représentation, l'exaltation du roi chasseur, il semble plutôt lié au choix de dynastes hellénisés qu'à l'imagerie diffusée par le pouvoir central de Persépolis.

Il est clair que cette volonté d'orientaliser la scène a des conséquences sur la façon dont on date la frise. J'ai essayé d'éviter jusque-là ce problème, mais il ne peut plus être contourné. Même s'ils reconnaissent que l'influence perse a pu s'exercer bien avant la conquête d'Alexandre, les tenants de l'origine « orientale » des chasses royales macédoniennes sont aussi partisans d'attribuer la tombe à Philippe Arrhidée plutôt qu'à Philippe II : c'est le cas de P. Briant comme de B. Tripodi et, plus récemment de E. N. Borza, O. Palagia[36]. À l'appui de leur chronologie, ils avancent souvent des indices de datation qui sont tous susceptibles d'être discutés : ainsi fait-on remarquer que tous les chasseurs sont imberbes, ce qui prouverait que nous sommes après la réforme d'Alexandre qui a imposé à ses soldats de se raser[37] ou bien encore, la *kausia* diadémée ne serait apparue comme couvre-chef qu'à la fin du IVe s. av. J.-C.[38]. Ces arguments n'ont pas valeur de preuve puisque l'on trouve des Macédoniens, avant la réforme, ne portant pas la barbe et que la *kausia* n'est vraisemblablement ni un chapeau royal ni une invention de l'époque d'Alexandre le Grand[39]. Il me semble que l'analyse que

---

cf. Tripodi 1991, p. 163-165 et Schnapp 1997, p. 396-397 n. 447. Parmi les animaux chassés – sanglier et biche – ne figure pas le lion, ce qui est singulier si l'on en fait le gibier royal perse par excellence. L'interprétation de ce document et sa mise en place historique restent à faire.

35 *Cf.* sur ce point les analyses de Prestianni Giallombardo, 1991, p. 280-285 et Hatzopoulos 1994, p. 92-111.

36 Briant 1991, p. 242 ; Tripodi 1991, p. 191-193 ; Borza, Palagia 2007, p. 90-103. Baumer, Weber 1991 attribuent la tombe à Phillipe Arrhidée avec des arguments peu convaincants.

37 Prestianni Giallombardo, 1991, p. 285, repris par Tripodi, 1991, p. 146 n. 5.

38 Prestianni Giallombardo, 1991.

39 Sur de nombreuses stèles macédoniennes datant avant Alexandre, les guerriers sont représentés imberbes, *cf.* par exemple Rolley 1999, p. 182 fig. 166, avec bibliographie. Pour la *kausia*, Saatsoglou-Paliadeli 1993, p. 122-142, réponse critique à Prestianni Giallombardo 1991. Je ne parle pas du « diadème » – c'est à dire de l'anneau circulaire articulé – qui a servi à certains d'indice chronolgique : ainsi Prestianni Giallombardo, 1986 a cherché à démontrer, après d'autres, que ce « diadème » n'avait pas été porté par les rois de Macédoine avant Alexandre. Mais elle n'a pas connu l'article de Ritter 1984, le meilleur spécialiste de la question, qui montre que ce n'est pas un diadème et que l'on ne peut donc rien en tirer du point de vue de la chronologie.

nous venons de faire prouve en tout cas qu'on ne peut rien affirmer sur le caractère oriental de ces scènes de chasse et donc que l'on ne peut fonder aucune appréciation chronologique sur une base aussi fragile. À l'inverse, même si je défends une tradition « locale » de l'iconographie et du mobilier, elle ne peut servir d'argument pour confirmer une date haute de la tombe : il serait loisible de soutenir que, justement après la mort d'Alexandre, on a affaire à une réaction traditionnaliste, ce qui serait tout aussi intéressant d'un point de vue historique[40].

RÉFÉRENCES HOMÉRIQUES

Si les références obligées ne sont plus du côté de l'Orient, peut-on trouver un modèle commun qui expliquerait le développement de ces scènes de chasse dans l'iconographie dynastique grecque ou hellénisée du IVe s. av. J.-C. ? Je propose d'y voir, sinon uniformément pour l'ensemble des représentations, du moins assez précisément dans le cas de la Macédoine, une référence à Homère.

De fait, le cas de Vergina est privilégié puisque nous sommes sûrs, comme l'a montré M. Andronicos, que le rituel des tombes copiait à livre ouvert celui des funérailles d'Hector[41]. N'est-ce pas en se référant à l'Iliade et à l'Odyssée plutôt qu'à la cour honnie des Perses que l'on est en mesure d'expliquer le choix des scènes figurées et la composition du dépôt funéraire ?

Sur la scène de la chasse nous serons brefs, car il suffit de renvoyer aux bonnes analyses d'A. Schnapp-Gourbeillon qui a réuni et commenté toute la documentation sur le rôle des animaux dans Homère[42]. Il me semble intéressant en soi, mais de peu d'importance pour notre propos,

40 Je reste persuadé que le meilleur et le seul indice de datation, est fourni par l'anthropologie, mais la réalité d'une blessure à l'œil droit sur les restes calcinés de la dépouille, acquise par les premières analyses, est elle même périodiquement remise en question : *cf.* Bartslokas 2000. Pour la date, je rejoins la position de Cl. Rolley qui s'en tient aux premiers résultats de l'étude anthropologique et défend l'attribution de la tombe à Philippe II, *cf.* Rolley 1999, p. 349-350. On lira avec intérêt les pages de Rouveret 1989, p. 221-244 qui préfère, avec des arguments originaux, – attribution de la frise à Nicomachos de Thèbes –, la date haute.

41 Andronicos 1984, p. 170.

42 Schnapp-Gourbeillon 1981, p. 38-63.

qu'elle ait pu montrer que le lion ne faisait pas l'objet, à proprement parler, d'une chasse intentionnelle ; il suffit de souligner qu'on le rencontre fréquemment dans les poèmes, parfois en association avec le sanglier ou la biche, victime des épieux des humains. Qui plus est, il figurait en bonne place avec l'ours et le sanglier sur le baudrier d'Héraclès, le héros chasseur par excellence[43]. Le bestiaire de la chasse de Vergina reprend, jusque dans ses associations, celui des poèmes homériques et l'on peut douter qu'il faille aller chercher dans un lointain Orient un autre système de référence.

Cette « lecture » homérique de la frise peut s'appliquer aussi au contenu des tombes. Nous avons déjà évoqué les tissus de pourpre et les coffres d'or dans lesquels on récupère les ossements du défunt chez Homère comme à Vergina. Mais il n'y a guère de séries d'objets qui ne trouveraient leur place dans un contexte « homérique ».

43 *Odyssée* XI, 609-612 ; *cf.* ci-dessus, p. 58-61.

BIBLIOGRAPHIE

Alexandrescu Petre, 1999, *L'Aigle et le Dauphin, Études d'archéologie pontique*, Editura enciclopedică.

Alexandrescu-Vianu Maria, 1980, « Remarques sur l'héroïsation thrace », *DHA* 6, p. 101-108.

Andronicos Manolis, 1984, *The Royal Tombs ant the Ancient City*, Ekdotike Athenon.

Archibald Zofia H., 1998, *The Odrysian Kingdom of Thrace*, Clarendon Press.

Aymard Jacques, 1951, *Essai sur les chasses romaines*, De Boccard.

Bartslokas Antonis, 2000, « The Eye injury of King Philip II and the Skeletal Evidence from the Royal Tomb II at Vergina », *Science*, 288, p. 511-514.

Baumer L. E., Weber U., 1991, « Zum Fries des "Philipposgrabes"von Vergina », *HefteABern*, 15, p. 27-41.

Borza Eugene et Palagia Olga, 2007, « The Chronology of the Macedonian Royal Tombs at Vergina »,*Jahrbuch* 122, p. 81-123.

Briant Pierre, 1991, « Chasses royales macédoniennes et chasses royales perses : le thème de la chasse au lion sur *La chasse de Vergina* », *DHA* 17, p. 212-255.

Briant Pierre, 1996, *Histoire de l'Empire perse de Cyrus à Alexandre*, Paris, Fayard.

Cohen Ada, 1995, « Alexander and Achilles – Macedonians and "Mycenians" ». dans Carter Jane B. et Morris Sarah P. (eds.), *The Ages of Homer : a tribute to Emily Townsend Vermeule*, Austin, p. 483-505.

Eliade Mircea, 1970, *De Zalmoxis à Gengis Khan*, Payot.

Étienne Roland, 2002, « La Macédoine entre l'Orient et l'Occident », dans Müller Christel et Prost Francis, (eds.), *Identités et cultures dans le monde méditerranéen antique, études en l'honneur de Francis Croissant*, Paris, p. 253-275.

Étienne Roland, Müller Christel et Prost Francis, 2000, *Archéologie historique de la Grèce antique*, Éditions Ellipses.

Ginouvès René (dir.), 1993, *La Macédoine de Philippe II à la conquête romaine*, Paris, CNRS Éditions.

Greenwalt William S., 1993, « The Iconographical Significance of Amyntas IIIs' Mounted Hunter Stater », *Ancient Macedonia* V, p. 509-519.

Hatzopoulos Miltiade B., 1994, *Cultes et rites de passage en Macédoine*.

Helly Bruno, 1968, « Des lions dans l'Olympe ! », *REA* 70 (1968), p. 271-285.

Laser Siegfried, 1968, *Hausrat, Archaeologia homerica*, Göttingen.

Marazov Ivan, 1997, *Ancient Gold : The Wealth of the Thracians, Treasures from the Republic of Bulgaria.*

Petridou-Gorecki A., 1996, « Zum Jagdfries des sog. Philipp-Grabes in Vergina », *Fremde Zeit, Festschrift für J. Borchhardt*, II, p. 89-103.

Prestianni Giallombardo Anna Maria, 1986, « Il diadema di Vergina e l'iconografia di Filippo II », *Ancient Macedonia, Symposium Thessaloniki 21-25 sept. 1983*, IV (1986), p. 498-509.

Prestianni Giallombardo, 1991, « Recenti testimonianze iconografiche sulla *kausia* in Macedonia e la datazione del fregio della caccia della II tomba reale di Vergina », *DHA* 17, p. 257-308.

Ritter H. W., 1984, « Zum sogenannten Diadem des Philippsgrabes », *AA*, p. 105-111.

Rolley Claude, 1999, *La Sculpture grecque* II, Paris, Picard.

Rouveret Agnès, 1989, *Histoire et imaginaire de la peinture ancienne (Ve s. av. J.-C-Ier s. ap. J.-C.)*, École Française de Rome.

Saatsoglou-Paliadeli Chryssoula, 1993, « Aspects of Ancient Macedonian Costume », *JHS* 113, p. 122-147.

Schnapp Alain, 1997, *Le Chasseur et la cité, chasse et érotique dans la Grèce ancienne*, Albin Michel, Paris.

Schnapp-Gourbeillon Annie, 1981, *Lions, Héros, Masques. Les représentations de l'animal chez Homère*, Paris, La Découverte.

Tripodi Bruno, 1991, « Il fregio della caccia della II tomba reale di Vergina et le cacce funerarie d'Oriente », *DHA* 17, p. 143-209.

LE ROI DANSE

> Il[1] s'y fit voir non moins habile / Qu'à tenir, en grand potentat, / Les nobles rênes de l'État. / Tout le reste, entrant en cadence, marcha sur ses pas dans la danse, / Emporté par le mouvement / De son mobile si charmant, / Et qui, chaque jour, d'autre sorte, / Par son impression si forte / Règle les mouvements divers des États de tout l'univers.
> Robinet dans une lettre à Madame du 77-11-1666 (Néraudeau, 1986, p. 123)

Il y a de bon et de mauvais rois et il y a aussi de bonnes et de mauvaises attitudes royales. On ne sait pas trop de quels côtés on peut ranger Antiochos IV dont la politique étrangère n'est pas entièrement négative et qui reprit le rêve de l'Anabase d'Antiochos III, son père. Polybe, qui ne l'aimait pas, se sent pourtant obligé d'écrire (XXVIII 18, 1) :

> ὅτι Ἀντίοχος ὁ βασιλεὺς ἦν καὶ πρακτικὸς καὶ μεγαλεπίβολος καὶ τοῦ τῆς βασιλείας προσχήματος ἄξιος, πλὴν τῶν κατὰ τὸ Πηλούσιον στρατηγημάτων.
>
> « Le roi Antiochos était habile, large d'esprit et digne de la charge royale, si l'on excepte les stratagèmes dont il eut recours à Péluse… »

L'historien n'en fait cependant pas moins un portrait négatif que l'on a tiré de textes qui méritent d'être analysés de près[2].

---

1 Louis XIV

2 Will 1982, p. 306-308 ; Mittag 2006, p. 181 ; Mørkholm 1966. Ed. Will, après Mørkholm s'interroge sur le sens de l'épiclèse Épiphanès (p. 308). Avec ou sans Theos dans la titulature, le terme me semble renvoyer à l'épiphanie divine dont on a des cas assez nombreux : *cf.* à propos de l'Apollon clarien, l'inscription faisant état de l'épiphanie du dieu et de son rôle dans la reprise des concours, Müller, Prost 2013, p. 93-126.

INCONDUITES ROYALES

POLYBE XXVI, 1-14[3]

Antiochus Épimanes, et non Épiphanes, ainsi nommé à cause de sa conduite. Comme l'écrit Polybe, quelquefois il s'échappait de son palais à l'insu de ses serviteurs et on le voyait suivi d'une ou de deux personnes parcourir au hasard la ville. [2] Il visitait, de préférence, les ateliers des artisans qui travaillaient l'argent et l'or, et s'entretenait longuement de leur art avec les ciseleurs et les autres artistes. [3] Il s'abaissait jusqu'à converser avec des gens du peuple, qui se trouvaient là, et buvait en compagnie des étrangers les plus vils. [4] S'il apprenait que quelques jeunes gens s'étaient réunis pour banqueter, sans prévenir de son arrivée, il venait suivi d'un cortège de joueurs de flûte et de cymbales[4], si bien que la plupart des invités, à cause de cette arrivée inopinée, prenait congé et partait au plus vite. [5] Souvent aussi, quittant le manteau royal, il se promenait en toge sur l'agora comme un candidat tendant la main aux uns, embrassant les autres, sollicitant de tous des suffrages pour devenir édile ou tribun. [6] Élu, il s'asseyait sur une chaise d'ivoire, suivant la coutume des Romains, écoutait les affaires qui concernaient les contrats, et jugeait avec l'attention la plus scrupuleuse, ce qui mettait dans l'embarras les bonnes gens : les uns le considéraient comme quelqu'un de simple, les autres l'estimaient fou. Dans ses cadeaux, il en allait presque de même : il donnait à certains des osselets de gazelle, à d'autres des dattes, à d'autres encore, de l'or. Quelquefois, il comblait de cadeaux des gens qu'il rencontrait par hasard et qu'il n'avait jamais vus. Dans les (bienfaits[5]) offerts aux villes et dans les marques d'honneurs qu'il rendait aux dieux, il surpassait en magnificence tous ses prédécesseurs. Témoin le temple de Jupiter olympien à Athènes et les statues dont il entoura l'autel de Délos. Il fréquentait aussi les bains publics lorsqu'ils regorgeaient de gens du peuple, et faisait apporter des amphores contenant les parfums les plus rares. Un jour, quelqu'un lui dit : « Vous, les rois, vous êtes bien heureux d'avoir de tels parfums et de sentir si bon[6] ». Il ne répondit rien ; mais il revint le lendemain et fit répandre sur la tête de l'homme qui lui avait parlé la veille une grande amphore pleine de l'aromate

---

3 Texte et traduction de Polybe, d'après W.R. Paton, *Polybius*, revision par F. W. Walbank et Chr. Habicht, Loeb classical library, 2012.

4 Sur le rôle des cymbales dans le kômos dionysiaque, Lucien, *De la calomnie*, 16. nj.

5 La correction « bienfaits » (εὐεργεσίαις) à la place de « sacrifices » (θυσίαις) est introduite dans la dernière édition de la Loeb (2012), revue par Fr. W. Walbank et Chr. Habicht.

6 Il y a un rapport privilégié entre les rois et les parfums : le corps d'Alexandre exhalait une agréable odeur, *cf.* Plut., *Alex.*, IV 4, ce qui est un signe du caractère divin du Macédonien ; ci-dessus, p. 66-68 n. 137 pour les prairies divines odoriférantes. On se reportera pour le commentaire à Grottanelli 1997, p. 503-514 et Bowersock 1997, p. 543-556.

le plus précieux, appelé myrrhe. Tous les baigneurs accoururent aussitôt pour en avoir leur part, mais le plancher glissait, et beaucoup tombèrent au milieu des éclats de rire. Le roi lui-même n'y échappa pas[7].

DIODORE XXXI FR. 23[8]

Dans les banquets, il se tenait en personne à l'entrée, introduisait les uns dans la salle, faisait étendre les autres, et il rangeait les serviteurs qui apportaient les

7 Ἀντίοχος ὁ Ἐπιφανὴς μὲν κληθείς, Ἐπιμανὴς δ' ἐκ τῶν πράξεων ὀνομασθείς … περὶ οὗ φησι Πολύβιος τάδε, ὡς ἀποδιδράσκων ἐκ τῆς αὐλῆς ἐνίοτε τοὺς θεραπεύοντας, οὗ τύχοι τῆς πόλεως, ἀλύων ἐφαίνετο δεύτερος καὶ τρίτος. [2] μάλιστα δὲ πρὸς τοῖς ἀργυροκοπείοις εὑρίσκετο καὶ χρυσοχοείοις, εὑρησιλογῶν καὶ φιλοτεχνῶν πρὸς τοὺς τορευτὰς καὶ τοὺς ἄλλους τεχνίτας. [3] ἔπειτα καὶ μετὰ δημοτῶν ἀνθρώπων συγκαταβαίνων ὡμίλει, ᾧ τύχοι, καὶ μετὰ τῶν παρεπιδημούντων συνέπινε τῶν εὐτελεστάτων. [4] ὅτε δὲ τῶν νεωτέρων αἴσθοιτό τινας συνευωχουμένους, οὐδεμίαν ἔμφασιν ποιήσας παρῆν ἐπικωμάζων μετὰ κερατίου καὶ συμφωνίας, ὥστε τοὺς πολλοὺς διὰ τὸ παράδοξον ἀφισταμένους φεύγειν. [5] πολλάκις δὲ καὶ τὴν βασιλικὴν ἀποθέμενος ἐσθῆτα τήβενναν ἀναλαβὼν περιήει κατὰ τὴν ἀγορὰν ἀρχαιρεσιάζων καὶ τοὺς μὲν δεξιούμενος, τοὺς δὲ καὶ περιπτύσσων παρεκάλει φέρειν αὐτῷ τὴν ψῆφον, ποτὲ μὲν ὡς ἀγορανόμος γένηται, ποτὲ δὲ καὶ ὡς δήμαρχος. [6] τυχὼν δὲ τῆς ἀρχῆς καὶ καθίσας ἐπὶ τὸν ἐλεφάντινον δίφρον κατὰ τὸ παρὰ Ῥωμαίοις ἔθος διήκουε τῶν κατὰ τὴν ἀγορὰν γινομένων συναλλαγμάτων καὶ διέκρινε μετὰ πολλῆς σπουδῆς καὶ προθυμίας. ἐξ ὧν εἰς ἀπορίαν ἦγε τῶν ἀνθρώπων τοὺς ἐπιεικεῖς : [7] οἱ μὲν γὰρ ἀφελῆ τινα αὐτὸν εἶναι ὑπελάμβανον, οἱ δὲ μαινόμενον. καὶ γὰρ περὶ τὰς δωρεὰς ἦν παραπλήσιος : ἐδίδου γὰρ τοῖς μὲν ἀστραγάλους δορκαδείους, [8] τοῖς δὲ φοινικοβαλάνους, ἄλλοις δὲ χρυσίον. [9] καὶ ἐξ ἀπαντήσεως δέ τισιν ἐντυγχάνων, οὓς μὴ ἑωράκει ποτέ, ἐδίδου δωρεὰς ἀπροσδοκήτους. [10] ἐν δὲ ταῖς πρὸς τὰς πόλεις (εὐεργεσίαις) καὶ ταῖς πρὸς τοὺς θεοὺς τιμαῖς πάντας ὑπερέβαλλε τοὺς βεβασιλευκότας. [11] τοῦτο δ' ἄν τις τεκμήραιτο ἔκ τε τοῦ παρ' Ἀθηναίοις Ὀλυμπιείου καὶ τῶν περὶ τὸν ἐν Δήλῳ βωμὸν ἀνδριάντων. [12] ἐλούετο δὲ κἀν τοῖς δημοσίοις βαλανείοις, ὅτε δημοτῶν ἦν τὰ βαλανεῖα πεπληρωμένα, κεραμίων εἰσφερομένων αὐτῷ μύρων τῶν πολυτελεστάτων. [13] ὅτε καί τινος εἰπόντος « Μακάριοί ἐστε ὑμεῖς οἱ βασιλεῖς οἱ καὶ τούτοις χρώμενοι καὶ ὀδωδότες ἡδύ » [καὶ] μηδὲν τὸν ἄνθρωπον προσειπών, ὅπου ἐκεῖνος τῇ ἑξῆς ἐλοῦτο, ἐπεισελθὼν ἐποίησεν αὐτοῦ καταχυθῆναι τῆς κεφαλῆς μέγιστον κεράμιον πολυτελεστάτου μύρου, τῆς στακτῆς καλουμένης, [14] ὡς πάντας ἀναστάντας κυλίεσθαι τοὺς λουομένους τῷ μύρῳ καὶ διὰ τὴν γλισχρότητα καταπίπτοντας γέλωτα παρέχειν, καθάπερ καὶ αὐτὸν τὸν βασιλέα.

8 Diodore de Sicile, *Bibliothèque historique*, Fragments, texte et traduction P. Goukowski, Les Belles Lettres (2012), Livre XXXI, Fr. 23, 1-2 (à compléter par XXIX, Fr. 36) : ἐν δὲ τοῖς πότοις αὐτὸς ἐφιστάμενος ταῖς εἰσόδοις οὓς μὲν εἰσῆγεν οὓς δὲ ἀνέκλινεν, καὶ τοὺς διακόνους τοὺς τάς παραθέσεις φέροντας διέταττεν. ἀκολούθως δὲ τούτοις προσιὼν τοῖς εὐωχουμένοις, εἰ τύχοι, ποτὲ μὲν ἐκάθιζε ποτὲ δὲ προσανέπιπτε. καὶ ποτὲ μὲν ἀποτιθέμενος τὸ ποτήριον, ποτὲ δὲ ῥίπτων τὸ ψωμὸν ἀνεπήδα καὶ μετανίστατο, καὶ περιήει πάντα τὸν πότον, προπόσεις λαμβάνων ὀρθός τε καὶ τοῖς ἀκροάμασι προσπαίζων. Καὶ δή ποτε προκοπτούσης ἐπὶ πολὺ τῆς ἑστιάσεως καὶ τῶν πλειόνων ἤδη κεχωρισμένων, ἧκεν ὑπὸ τῶν μίμων ἐκφερόμενος περικεκαλυμμένος· τεθεὶς δὲ ἐπὶ τὴν γῆν ὑπὸ τῶν συμπαιζόντων, μετὰ ταῦτα τῆς συμφωνίας προκαλουμένης ἀνεπήδα γυμνὸς καὶ τοῖς μίμοις προσπαίζων ὠρχεῖτο τῶν ὀρχήσεων τὰς γέλωτα καὶ χλευασμὸν εἰωθυίας ἐπισπᾶσθαι, ὡς πάντας αἰσχυνθέντας ἐπὶ τοῖς πραττομένοις φεύγειν ἐκ τοῦ πότου·

mets. En accord avec cette façon de faire, il s'approchait parfois de convives en train de faire bonne chère et tantôt il s'asseyait près d'eux, tantôt il s'étendait à leurs côtés. Tantôt il posait sa coupe et tantôt il recrachait ce qu'il avait dans la bouche, il se levait d'un bond, changeait de place et faisait le tour complet de la salle, trinquant debout avec ses hôtes tout en s'occupant des artistes et en badinant avec eux. Une fois même, alors que le festin s'éternisait et que déjà la plupart des convives s'étaient retirés, il arriva, enveloppé d'un linceul et porté comme un cadavre par les mimes. Posé sur le sol par ses compagnons de jeu, après que les cymbales l'y aient exhorté il bondit sur ses pieds, tout nu, et badinant avec les mimes, il exécutait les danses qui d'ordinaire attire les rires et les plaisanteries, si bien que toutes les personnes présentes, rougissant de cette scène, s'enfuirent du banquet…

TITE LIVE XLI, 20[9]

(Antiochus) rendait la justice (à la romaine ?), assis sur un siège d'ivoire, et jugeait les controverses portant sur les sujets les plus insignifiants. Comme son caractère le poussait à mener des genres de vie toujours différents, il échappait à toute classification sociale, si bien que ni lui ni personne ne savait vraiment qui il était. Il n'adressait pas la parole à ses amis, souriait familièrement à des gens qu'il connaissait à peine, se ridiculisait lui-même et en ridiculisant d'autres par ses générosités inconséquentes ; à certaines personnes de distinction, et qui avaient d'elles-mêmes une haute idée, il faisait des cadeaux convenant à des enfants, tels que des aliments ou des jouets ; d'autres qui ne s'y attendaient nullement, recevaient de lui une fortune. Aussi donnait-il à certains l'impression de ne pas savoir ce qu'il voulait ; les uns disaient qu'il s'amusait comme un enfant, d'autres que, sans aucun doute, il était fou. Cependant en deux domaines importants et honorables, il montrait une âme vraiment royale : les cadeaux qu'il offrait aux cités et le culte des dieux. Aux Mégalopolitains d'Arcadie, il promit d'entourer leur ville d'un rempart, et il leur fournit la majeure partie et l'argent nécessaire ; à Tégée, il fit construire un magnifique théâtre de marbre ; au prytanée de Cyzique, – c'est le sanctuaire de la ville, l'endroit où sont nourris aux frais de l'État, ceux qui font l'objet de cette mesure honorifique – il fournit, pour une table, un service en vaisselle d'or. Aux Rhodiens, il n'offrit pas de cadeau remarquable, mais il leur en fit de toutes sortes, selon leurs besoins. Quant à sa générosité envers les dieux, on peut en trouver la preuve rien que dans le temple de Jupiter Olympien, à Athènes, le seul au monde dont les plans de construction répondent à la grandeur du dieu ; en outre il orna Délos d'un autel remarquable et d'un grand nombre de statues ; à Antioche, il fit édifier à Jupiter Capitolin un temple magnifique, non seulement lambrissé d'or, mais aux murs recouverts entièrement de feuilles d'or ; quant aux nombreuses autres promesses qu'il avait faites ailleurs, il ne put les accomplir, vu l'extrême brièveté de son règne.

9 Tite-Live, XLI, 20, trad. P. Jal,, Les Belles Lettres (1971).

> Il l'emporta aussi sur les rois qui l'avaient précédé par la magnificence des spectacles de toute sorte qu'il donna. Ces spectacles étaient dans l'ensemble conformes aux traditions nationales et mis en œuvre par des artistes grecs. Il donna aussi des combats de gladiateurs empruntés aux usages romains…

UN ROI ENTRE LA GRÈCE ET ROME[10]

Le texte de Polybe est à la fois un recueil de petites histoires, que certains ont qualifié de ragots (*gossip*), et un portrait vivant d'un des derniers grands rois de l'époque hellénistique. Il mérite que l'on s'attache à la lettre du récit pour en montrer tout l'intérêt avant de porter un jugement.

La première partie (1-4) concerne la conduite plébéienne du roi qui sort de son palais sans une garde nombreuse et va discuter avec les artisans d'art. Rien à cela de vraiment répréhensible qui justifierait le surnom peu flatteur d'Ἐπιμανής. Antiochos IV ne fait que suivre les coutumes macédoniennes qui rapprochaient la conduite d'un roi de celle d'un simple particulier. Deux anecdotes en fournissent la preuve. Ainsi à Philippe II qui repoussait une vieille femme sous prétexte qu'il n'avait pas le temps de l'écouter, celle-ci aurait répondu : ‘alors ne sois pas roi !'. Ce reproche le toucha profondément… ». Plutarque oppose l'affabilité de Philippe II à la conduite arrogante de Démétrios Poliorcète, qui aurait jeté dans le fleuve Axios les suppliques que l'on venait de lui apporter et qu'il avait recueillies dans son manteau (PLUTARQUE, *Démétrios*, XLII). Ces anecdotes semblent prouver que l'accessibilité du roi ne dépend pas uniquement du caractère du souverain, mais est considérée comme une règle de la société macédonienne : « les Macédoniens ont en effet toujours pratiqué cette liberté de langage avec leurs rois » (POLYBE, V, I, 27).

On ne s'étonnera pas qu'Antiochos ait fréquenté des boutiques d'orfèvres, car les rois étaient attentifs à la création d'objets d'art.

---

10 Les actes du colloque de Nancy Feyel-Graslin-Thomé 2014 constituent un recueil remarquable qui permet de se faire une idée de la personnalité, controversée, d'Antiochos IV. Nous nous intéressons plus particulièrement à la danse du roi pour laquelle nous rejoignons l'exposé de Goukowski, « Antiochos le fou ou Antiochos le bienheureux ? Quelques remarques sur les fragments de Polybe et de Diodore », p. 51-74, mais avec des nuances qui méritent d'être prises en considération.

Ptolémée II ne s'intéressait-il pas à la création d'un rhyton et Cassandre ne fit-il pas créer par Lysippe une amphore pour le vin de Mendé[11] ? La cour était certainement un des lieux de création et de commande de bijoux, comme le prouvent les trouvailles dans les tombes royales[12]. Plus précisément, il allait voir là où on traitait l'argent et l'or[13]. Il ne serait pas étonnant qu'il s'agisse d'ateliers monétaires, le terme utilisé pour l'artisan, ἀργυροκόπος, renvoyant à ἀργυροκοπεῖον qui désigne un atelier monétaire. On comprend qu'un roi ait voulu vérifier la qualité des monnaies frappées sous son règne et connaître les artistes qui fabriquaient les coins.

Laissons de côté pour le moment l'allusion aux banquets (paragraphe 4) que nous retrouverons plus loin. On a quelques difficultés à donner sens au paragraphe concernant cette scène de « carnaval » (?) où le roi prend la toge, – il faut croire qu'il se promenait en « habits royaux », si l'on suit le texte – et fait campagne « à la romaine » comme s'il briguait les magistratures. Certes, son séjour comme otage à Rome, à partir de 189[14], où il passa un certain temps, lui avait donné une bonne connaissance des institutions, si bien qu'il avait choisi deux magistratures, d'un côté l'édilité, qui donnait droit à la chaise curule, et conférait la charge des marchés, de l'autre, le tribunat de la plèbe, qui permettait de s'opposer à tout acte de magistrat (ἀγορανόμος γένηται, ποτὲ δὲ καὶ ὡς δήμαρχος[15]). Cette mise en scène est-elle crédible ? Y avait-il assez de Romains ou de Grecs romanisés à Antioche pour en goûter le sel ? Il est notable que la conclusion est plutôt favorable, puisque Polybe prend soin d'indiquer que les jugements du roi sur les contrats se faisaient « après un examen attentif et rigoureux » et que le public était partagé, les uns le trouvant « simple » ou « sans façon », tandis que les autres le jugeaient complétement fou.

Sa façon de faire des cadeaux s'inscrit en revanche dans une coutume royale d'évergétisme, en tout cas pour les grandes réalisations :

11 Athénée 784c ; 497 b-c, *cf.* Völcker-Janssen, p. 203.

12 Étienne 2002 et ci-dessus, p. 53-64.

13 Burkhalter 1998, p. 130-133.

14 La date à laquelle on lui substitua son neveu comme otage n'est pas établie ; il a séjourné à Athènes avant de devenir roi en 175 à la suite de l'assassinat de Séleucos IV.

15 Quelques remarques sur ce texte par Finkielsztejn 2012, p. 151-152. Des poids frappés sous Antiochos IV montrent que le roi prenait très au sérieux ce rôle de contrôleur des marchés.

reprise des travaux au temple de Zeus Olympien à Athènes et statues à Délos, qui sont des objets de propagande[16], car il s'agit de portraits dynastiques, sans compter les autres cadeaux cités par Tite-Live. On mettra les médiocres offrandes sur le compte de « l'humour » propre au roi qui aimait la plaisanterie et qui n'hésitait pas à déverser sur la tête de baigneurs inconnus des parfums de luxe. Dans ce cas, on ne voit pas où se situerait la transgression des attitudes qui font le bon roi. En revanche, il n'en est pas de même de sa pratique de la danse qui suscitait l'étonnement et la réprobation.

LA DANSE DU ROI : LE ROI BACCHANT

Il est question par deux fois de la conduite d'Antiochos au banquet. Le texte de Polybe est comme une introduction au paragraphe de Diodore, qui donne un luxe de détails surprenants.

On ne fera pas reproche au roi de s'inviter au banquet sans y être convié, il pouvait par-là croire ou paraître honorer son hôte. Plus intéressant me semble le fait qu'il y venait avec un cortège, accompagné de cymbales et de flûtes (ἐπικωμάζων μετὰ κερατίου καὶ συμφωνίας[17]). C'est à dire qu'il s'y rend en cortège dionysiaque (*kômos*), seule façon d'expliquer qu'il fasse fuir l'assistance qui ne supportait pas sans doute les démonstrations publiques du dionysisme royal.

Le caractère dionysiaque de l'attitude du souverain est bien souligné dans le texte de Diodore. Cette fois c'est lui qui organise le banquet en recevant les gens à l'entrée, ce qui n'est pas habituel, mais qu'il a vu faire par son modèle Paul Emile, comme on aura l'occasion de le rappeler. Puis il va vers les uns et les autres, affichant des mœurs plébéiennes. Je ne sais quel sens attribuer au fait de recevoir des libations debout : n'est-ce pas le privilège des dieux, alors que le banquet de tradition macédonienne veut que tout le monde soit couché et sur un

16 Sur les statues de la dynastie qui entourent l'autel, Étienne *et alii* 2018, p. 243 et n. 29.

17 Je ne comprends pas la traduction de Mittag, p. 332 : « mit einem Schwarm von Flötenspielern und anderen Musikanten ». Va pour les *Flötenspieler*, mais les *andere Musikanten* sont en fait des joueurs de cymbale dont on retrouve mention dans le texte de Diodore.

pied d'égalité ? Quoiqu'il en soit, l'anecdote suivante est plus intéressante et révèle une autre facette du roi et de l'image qu'il veut donner de lui-même.

En fin de banquet, les mimes qui l'accompagnent le portent en terre. Le vocabulaire et celui de l'enterrement, *ekphora*, qui a lieu dans un linceul (*perikekalumenos*). Mais après l'enterrement, le renouveau, le roi se débarrasse du linceul et apparaît nu, se livrant à des danses qui font rire. Je ne vois pas comment interpréter cette scène en dehors de la geste de Dionysos, dieu de la nature par excellence, comme le montrent tous ses attributs, les couronnes végétales et les pampres, et ses épiclèses (Δενδρίτης, Συκίτης, Φλοῖος). L'assimilation du roi à Dionysos est soulignée par le vocabulaire dans la description de la scène : le verbe πηδάω, utilisé deux fois sous une forme composée ἀναπηδάω, décrit assez souvent le mouvement violent du dieu, pris de *mania*, ou des Bacchantes de son cortège (Euripide, *Bacchantes*, v. 307, 1094). Les cymbales (συμφωνία[18]) font partie des instruments du *kômos* qui rythment les moments du banquet. On peut donc sans trop se risquer proposer un thème dionysiaque pour ces mimes auxquels le roi s'associait. Si nous avons raison sur ce point, nous pouvons formuler une nouvelle interprétation du passage qui pourrait donner la clé de tous les détails.

ANTIOCHOS IV ET LES BACCHANALES

Pourquoi le public l'aurait-il fui ? Ce n'est pas la nudité qui pouvait effrayer ses commensaux, car ils étaient habitués à exhiber leurs corps pour les exercices gymniques, et la danse, fût-elle bacchique, n'avait rien de particulièrement répréhensible pour un jeune aristocrate de l'époque (dès l'époque archaïque les *kômastes*, dansant de façon grotesque avec leurs derrières postiches, tels qu'ils sont représentés sur les vases, étaient sans doute de bonnes familles[19]).

18 Je pense que c'est le sens de συμφωνία, car Tite Live souligne aussi le rôle des cymbales dans les manifestations des Bacchanales romaines : Tite Live XXXIX, 8 « Des hurlements sauvages et le bruit des tambours et des cymbales protégeaient la violence en étouffant les cris de ceux qu'on déshonorait ou qu'on égorgeait. »

19 Schäfer 1997, p. 30-35.

Il faut, je crois revenir au contexte et rappeler qu'Antiochos IV fut otage à Rome au moment de la crise des Bacchanales. La crise des Bacchanales fut réprimée en 186 av. J.-C., et le roi était arrivé dans la capitale pour sceller le traité de Magnésie en 189 av. J.-C. N'est-ce pas là où il a contracté le goût du Dionysisme, qui n'avait pas l'heur de plaire à toute la société d'Antioche, puisqu'elle fuyait, nous dit le texte, ce genre de compromission ?

La démonstration d'Antiochos IV allait donc bien au-delà d'un divertissement carnavalesque mais pouvait être comprise comme un acte politique. D'un côté le roi donnait le change en imitant la conduite d'un magistrat romain, maître du bon ordre[20], mais de l'autre il prenait ses distances avec le vainqueur en se revendiquant comme un sectateur de Dionysos, dieu de la *mania*[21].

Je croirais volontiers que nous pouvons alors mieux comprendre le qualificatif d'*Επιμανής* qui lui est méchamment attribué par Polybe : le roi n'était pas « dérangé », au sens où nous l'entendrions aujourd'hui, mais en proie à la *mania*, cette possession bacchique propre au culte de Dionysos et, quitte à traduire, je préfèrerais « Possédé » à « Fou ». Tout est une question de nuance.

20 Il imite l'attitude de Paul Emile, le vainqueur, qui, nous dit Plutarque, pensait que mettre la table d'un banquet et placer les gens était aussi important qu'à la guerre, disposer l'ordre de bataille (Plutarque, *Vie de Paul Emile* 28, 7-9).

21 Sauron 2007 a bien montré le caractère transgressif du Dionysisme en faisant état du dialogue de Lucien, *De la calomnie*, 16 : « C'est ainsi que jadis on accusa auprès de Ptolémée Dionysos (Ptolémée XII Aulète) le philosophe platonicien Démétrius de boire de l'eau et d'être le seul parmi les Égyptiens qui ne portât pas des habits de femme pendant les Bacchanales. Si Démétrius, cité au tribunal de Ptolémée, n'avait pas bu dès le matin, au vu de tout le monde, et s'il n'avait pas dansé au son des cymbales, vêtu d'une robe tarentine, c'en était fait de lui, sous prétexte qu'il n'approuvait pas les habitudes du roi et qu'il blâmait par sa sagesse et ses doctrines les débauches de Ptolémée. ». G. Sauron établit le lien entre le Penthée des Bacchantes, défenseur des bonnes mœurs, et le philosophe Démétrios. Le Dionysisme, dès le ve s. av. J.-C. n'est pas bien reçu par tous ; c'est ce que laisse aussi entendre le rejet de la doctrine à l'époque d'Antiochos IV.

BIBLIOGRAPHIE

Bowersock Glen W., 1997, « Perfumes and Power », dans Avanzini A., *Profumi d'Arabia*, Rome, p. 543-556.

Étienne Roland (dir.) *et alii*, 2018, *Le Sanctuaire d'Apollon à Délos, T. I Architectures, topographie, histoire, EAD* XLIV.

Feyel Christophe et Graslin-Thomé Laetitia, 2014, *Le Projet politique d'Antiochos IV, Journées d'études franco-allemandes, Nancy 17-19 juin 2013*, Nancy.

Finkielsztejn Gérald, 2012, « Témoignages sur les agoranomes du Levant à l'époque hellénistique », dans L. Capdetrey Laurent et Hasenohr Claire (eds), *Agoranomes et édiles, Institutions des marchés antiques*, Bordeaux, p. 151-152.

Goukowsky Paul, 2014, « Antiochos le fou ou Antiochos le bienheureux ? Quelques remarques sur les fragments de Polybe et de Diodore », dans Feyel Christophe et Graslin-Thomé Laetitia (dir.) p. 51-74.

Gros Pierre, 2001, *L'Architecture romaine* 2. *Maisons, palais, villas et tombeaux*, Paris, Picard.

Grottanelli Cristiano, 1997, « Kingship and Perfumes : Antiochus IV and Alexander the Great », dans Avanzini A., *Profumi d'Arabia*, Rome, p. 503-514.

Mittag Peter Franz, 2006, *Antiochos IV Epiphanès, Eine politische Biographie, Klio Beihefte* 11, Akademie Verlag.

Mørkholm O., 1966, *Antiochos IV of Syria*, Copenhague.

Müller Christel et Prost Francis, 2013, « Un décret du koinon des Ioniens trouvé à Claros », *Chiron* 43, p. 93-126.

Sauron Gilles, 2007, « L'actualité des Bacchantes d'Euripide dans les conflits idéologiques de la fin de l'époque hellénistique », Massa Pairault Françoise-Hélène et Sauron Gilles (dir.), *Images et modernité hellénistiques. Appropriation et représentation du monde d'Alexandre à César*, Colloque organisé par l'École française de Rome, l'École française d'Athènes et l'Istituto italiano per gli studi filosofici (Rome 13-15 mai 2004), p. 247-262.

Schäfer Alfred, 1997, *Unterhaltung beim griechischen Symposion, Darbietungen, Spiele und Wettkämpfe von homerischer bis in spätklassische Zeit*, Mayence.

RITUELS ROYAUX[1]

Quels sont les rituels royaux qui permettent de reconnaître le roi grec et quels rapports entretiennent-ils avec l'Orient ? Je limiterai mon propos aux successeurs d'Alexandre, car les protocoles royaux du grand conquérant sont assez bien connus : de l'oracle d'Ammon à la proskynèse, la tradition antique et les recherches contemporaines ont suffisamment insisté sur l'orientalisation des pratiques de la monarchie[2], mais remarquons que les récits concernant le fils de Philippe n'évoquent nullement des rituels d'intronisation comparables à ceux de la Perse. Ces rituels perses se distinguent par les traits suivants[3] :

- identification d'un lieu sacré à Pasargades, consacré à une divinité de la guerre où a lieu l'adoubement royal ;
- intervention de la classe des prêtres qui sont les dépositaires des rites du couronnement ;
- importance du vêtement royal de Cyrus l'Ancien, fondateur de la dynastie, vêtement par lequel se fait la transmission du pouvoir légitime et l'entrée dans la dynastie des Achéménides ;
- repas spécial, composé de figues, de thérébinthe et de petit lait.

Le même texte nous apprend que « nul n'avait le droit de manger à la même table que le roi[4] », ce qui est profondément différent des pratiques macédoniennes, même après l'Anabase d'Alexandre en Orient.

---

1 Je remercie mes amis M.F. Boussac et Fr. Prost d'avoir bien voulu relire ce texte et me faire bénéficier de leur savoir.

2 Sur la proskynèse, *cf.* P. Goukowski, *Essai sur les origines du mythe d'Alexandre (336-270 av. J.-C.)*, I (1978), p. 47-49 et la synthèse récente de B. Virgilio, 1998, p. 121-122.

3 P. Briant, 1996, 539-540 à propos du texte de Plutarque, *Vie d'Artaxerxès*, III, 1-2.

4 Plutarque, *Vie d'Artaxerxès*, V, 5 ; P. Briant, 1996, p. 322 ; sur les banquets macédoniens et leur rôle dans le rituel aulique, *cf.* H. von Hesberg, 1998, p. 189-195, mais je reste critique sur la transformation du palais de Vergina en un gigantesque *hestiatorion* : *cf.* ci-dessus, p. 42-43.

Les protocoles royaux achéménides ont plus de points communs avec ceux de la monarchie française (sacre à Reims et intervention de l'Église) qu'avec ce que nous pouvons entrevoir pour la période des diadoques.

INSIGNES DU POUVOIR : VÊTEMENTS ET OBJETS ROYAUX

Rien ne montre que l'investiture royale ait donné lieu à un cérémoniel particulier, si l'on met à part les Ptolémées qui assumaient le rôle de pharaon vis-à-vis de la société égyptienne[5]. Cette simplicité de l'investiture royale nous est révélée par quelques passages de Polybe. En 218, Antiochos III « commença à envoyer des messages de semonces à Achaios ; tout d'abord il lui reprochait d'avoir osé se parer du diadème et prendre le titre de roi » (Polybe, II 57). L'usurpateur pour être roi n'a rien d'autre à faire que de poser sur sa tête un diadème et de faire figurer le titre de *basileus* dans sa titulature : il n'y a point d'autres rites à accomplir pour être pleinement roi. Il ne manquera pas aussi de porter des vêtements de pourpre, qui sont attestés pour de nombreux souverains[6] : ainsi, Philippe V à Argos « déposa, nous dit Polybe, le diadème et la pourpre… » pour se conduire comme un voyou, en allant siffler sous les fenêtres des belles femmes (Polybe, X 3, 26). On apprend par le même auteur qu'Attale I transportait avec lui une garde-robe de pourpre, qu'il fit déployer sur le pont de son bateau, comptant que les marins de Philippe V préfèreraient piller le navire plutôt que de poursuivre un roi battu et en fuite (Polybe, XVI 6).

Ni diadème, ni pourpre ne relèvent d'un modèle oriental. Alexandre a inauguré le port du simple bandeau blanc qui passait sur le front sous les cheveux ou qui se présentait comme un anneau de tissu, porté sur la chevelure : dans les deux cas, les extrémités flottaient librement sur la

5 *Cf.* en dernier lieu la synthèse de M. Drew-Bear, « Les premiers rois gréco-macédoniens à la rencontre des Égyptiens », dans M.-Th. Le Dinahet (ed.), *L'Orient méditerranéen de la mort d'Alexandre au Ier s. av. notre ère*, 2003, p. 319-329 et les pages consacrées à ce sujet par D. J. Thompson et J. Ma dans A. Erskine, 2004, p. 158-160 et 244-245 (avec bibliographie) ; G. Hölbl, *Geschichte des Ptolemäerreiches*, 1994, p. 69-107.

6 Sur la pourpre royale, *cf.* R. R. R. Smith, 1988, p. 34.

nuque, après le nœud. Rien ne prouve l'origine perse de cette pratique ; il s'agirait plutôt d'un emprunt à l'iconographie de Dionysos, représenté avec une *mitra* (bandeau) après son expédition indienne : légende et iconographie sont grecques. Pour Alexandre ce bandeau représente son pouvoir sur l'Asie[7].

Quant à la pourpre, elle était certes à l'honneur à la cour des Achéménides ; Alexandre trouve des vêtements de pourpre dans les bagages de Darius, dont il s'empara au Granique (PLUTARQUE, *Alexandre*, XVI, 19), mais ce n'est sans doute pas de ce côté-là qu'il faut chercher la tradition royale grecque, à laquelle un texte de Plutarque permet de donner une tout autre origine : « Eumène, (*il s'agit d'Eumène de Cardia, compagnon d'Alexandre le Grand*), avait en effet le droit de distribuer des *causiai* et des chlamydes de pourpre, ce qui est pour les Macédoniens le don le plus royal » (PLUTARQUE, *Vie d'Eumène*, VIII). Ce texte établit, je crois, de façon claire que la pourpre était portée traditionnellement par les rois de Macédoine et que les vêtements macédoniens, *causiai* et chlamydes, étaient fabriqués dans cette étoffe précieuse pour être distribués comme cadeaux. Ne soyons donc pas étonnés qu'une étoffe de pourpre et d'or ait entouré les restes des défunts dans les *larnax*, retrouvés dans la tombe de Philippe II[8] : si, comme je le crois, la tombe de Vergina appartient bien à ce roi[9], il ne fait aucun doute que la pourpre était en usage dans la capitale de la Macédoine avant l'expédition orientale d'Alexandre (à noter que, sur la fresque de la tombe de Philippe II, celui qui est identifié comme le roi porte un vêtement couleur de pourpre[10]). Porter la pourpre n'est donc pas ressenti comme une manifestation de *tryphé* orientale, c'est bien au contraire s'insérer dans la tradition macédonienne.

Il est en revanche des vêtements royaux plus exceptionnels, comme ceux portés par Démétrios Poliorcète et dont Plutarque nous a laissé la description (Plutarque, *Démétrios*, XL, 6-8) : « Et en vérité, Démétrios s'entourait de tout un décor de tragédie : non seulement il portait des

---

7 Sur le diadème, *cf.* R. R. R. Smith, 1988, p. 34-38.

8 *Cf.* Drougou 1987, p. 303-316.

9 Je me suis déjà exprimé à ce sujet : *cf.* Étienne 2002, p. 253-275 et n. 16. Voir ci-dessus, Hatzopoulos 2008, p. 25.

10 Cette remarque de Andronicos 1984, p. 114 (« violet-purple cloak »), n'est ni reprise ni commentée par Saatsoglou-Paliadeli 2004, quoique la chlamyde du roi et la *causia* soient bien restituées en couleur rouge (*cf.* Pl. 27, β).

vêtements et un diadème extraordinaires, des *causiai* à double mitre et des tissus de pourpre bordés d'or, mais encore aux pieds des chaussures qu'il s'était fait faire avec de la pourpre pure incorporée au feutre et qui étaient bordées d'or. On tissait également pour lui depuis longtemps une chlamyde, un ouvrage superbe qui représentait l'univers et les phénomènes célestes[11]... ». Démétrios ne porta jamais ce manteau qui manifestait ses prétentions à un pouvoir universel dans la tradition d'Alexandre, dont il n'était, pour Plutarque, qu'un pâle imitateur. Si Alexandre et Pyrrhus sont en effet loués par la tradition pour leur audace, Démétrios et bien d'autres rois ne sont considérés que comme des histrions, jouant sur la scène du monde des rôles qui ne sont pas à la mesure de leurs moyens.

On ne peut dissocier le roi de sa monture, objet de prestige doté d'un nom et d'une légende comme le Bucéphale d'Alexandre[12]. Cette valorisation du cheval trouve son origine dans une pratique funéraire connue dès l'époque du Bronze où l'on sacrifiait les attelages sur la tombe du cavalier défunt. Cette coutume, décrite dans l'Iliade à l'occasion des funérailles de Patrocle, perdure jusqu'à l'époque hellénistique de façon sporadique puisque l'on a retrouvé des pièces de harnachement dans la tombe de Philippe II[13]. Elles doivent sans doute provenir du harnachement d'une bête sacrifiée sur le bûcher.

On ajoutera deux éléments à cette valorisation du cheval : la tête de cheval sur le droit de monnaies et l'apparition de statues honorifiques de cavaliers montés qui se développe à partir du IVe s.[14]. Je n'aborderai pas le second point bien traité par Chr. Chandezon, mais je donnerai mon opinion sur la tête de cheval pourvu de cornes qui soulève une question d'identification.

Pourquoi des séries monétaires portent-elles l'effigie d'un cheval cornu (Fig. 19, 20) ? A. Houghton et C. Lorber proposent, avec de bons arguments, d'y voir Bucéphale, mais préfèrent finalement lier l'image à l'histoire de Séleucos Ier et trouve chez Malalas (8, 17) une allusion

11 *Cf.* sur les mises en scène royales, Chaniotis, 1997 et von Hesberg, 1999, p. 67-68.

12 On se reportera à l'étude bien informée de Chandezon 2010, p. 177-196 ; l'auteur met à juste titre en doute le prix donné pour l'achat de Bucéphale, soit 13 talents (Plutarque, *Alex.* 6, 1). Il n'en reste pas moins que les chevaux sont un luxe.

13 Ci-dessus, p. 58 ; sur l'extension de la pratique, on se reportera à l'article de Malama, Gardeisen 2005, p. 178-180.

14 Chandezon 2010, p. 184-187, « Le cheval et le roi » et p. 187-190 « Les statues équestres de l'époque hellénistique ».

à un cheval qui, en 315 av. J.-C., aurait permis au roi par sa vitesse de s'échapper des mains de Démétrios qui le retenait prisonnier à Babylone ; le roi, reconnaissant, lui aurait dédié une statue avec un casque, placé à côté[15]. Rien ne dit pourtant que la tête fut cornue.

FIG. 19 – *SC*, 469-472. Dr. Tête diadémée, cornes de taureau en lyre sur le front, Antiochos I ou Séleucos I ; Rv. Cheval cornu, ca. 281 av. J.-C. (Aï Khanoum ?).

P. P. Iossif refuse de reconnaître sur les monnaies la célèbre monture d'Alexandre, parce qu'il associe les cornes à Séleucos I[er16] (Fig. 19) ; il considère donc que « le roi "divin" monte un cheval "divin". La notion des chevaux divins n'est pas étrangère au monde grec (*cf.* par exemple Pégase, dont l'imagerie sera exploitée par l'arrière-petit-fils de Séleucos Ier, Séleucos II), ni au monde iranien, principalement "touché" par les monnaies cornues. »

C'est cette dernière notation qui me ferait, contrairement à l'auteur, identifier le cheval cornu comme Bucéphale. On est en effet frappé par le fait que la première représentation du cheval cornu, monté par un roi au casque doté de cornes, provient de l'atelier d'Ecbatane, c'est à dire de la partie orientale du royaume (daté de 301). Remarquons que le type monétaire est celui des alexandres, portant au droit l'effigie d'Héraclès/ Alexandre à la *léonté* (Fig. 20). Les frappes postérieures, avec un protomé

15 *Cf. SC*, p. 7 ; Babelon 1890, p. XXIII ; sur cette statue, *cf.* Saliou 2006, p. 822 et Agusta-Boularot 2006, p. 108-109.

16 Iossif 2012, p. 37. On ne connaît pas de type statuaire correspondant à une telle description.

de cheval cornu, doté d'un toupet en flammèche, appartiennent aussi à des ateliers orientaux, Karrhai et Séleucie du Tigre (*SC*, 1, n° 47 ; 145-146) ; ce n'est que plus tard que le symbole passe à des ateliers d'Asie mineure.

FIG. 20 – *SC* 203. Dr. Héraclès (type d'Alexandre) ;
Rv. Cavalier à casque à cornes et cheval cornu, Séleucos I, c. 295, Ecbatane.

Les arguments présentés contre l'identification de Bucéphale ne me convainquent pas parce que, quelle que soit l'hypothèse que l'on présente, l'image ne peut être lue par un Grec que d'une façon : c'est un βουκεφάλας, « *canting pun on the name Bucephalus*[17] ». Il faut avouer que l'identification avec la monture d'Alexandre est alors très vraisemblable, puisque les monnaies, qui plus est, proviennent essentiellement d'ateliers orientaux. Or on sait que Bucéphale mourut lorsque l'armée d'Alexandre était sur l'Indus, et qu'Alexandre donna le nom de son cheval à l'une des villes qu'il fonda dans la région. Ne soyons donc pas étonnés que ce soient des ateliers orientaux qui aient été les premiers à choisir ce symbole. Rien ne dit que la statue d'Antioche, citée par le pseudo-Malalas, ait été pourvue de cornes, mais, en revanche, sur le petit bronze d'Herculanum représentant Alexandre chargeant, le cheval est pourvu du même toupet sur le dessus du crâne que celui qui figure sur les monnaies de Séleucos Ier[18]. Il me semble évident que les chevaux cornus renvoient au célèbre Bucéphale.

17 *SC*, p. 7.

18 Chandezon 2010, p. 186, fig. 7.

ATTITUDES ROYALES
CHEZ LES LAGIDES

Les Lagides sont des Macédoniens et se comportent selon la tradition ancestrale. Ils conservent notamment cette facilité d'abord, que nous avons évoquée plus haut. Un épisode, rapporté par Flavius Josèphe (*Ant*, XII 167), en rend bien compte :

> Mais Joseph, à son arrivée à Alexandrie, ayant appris que Ptolémée était à Memphis, s'avança à sa rencontre. Le roi était assis dans son carrosse avec sa femme et son ami Athénion, celui-là même qui avait été envoyé à Jérusalem et hébergé par Joseph ; quand Athénion vit ce dernier, il le fit aussitôt connaître au roi, disant que c'était là le jeune homme dont, à son retour de Jérusalem, il lui avait vanté la bonté et la générosité. Ptolémée l'embrassa alors le premier, le fit monter dans son carrosse…

Les protagonistes sont bien connus, il s'agit de Ptolémée III et de Joseph, fils d'un fermier des impôts. Cette scénette qui n'a aucune raison d'être fausse ou de pure invention rend de façon vivante l'attitude d'un roi grec ; nous aurons l'occasion d'exploiter plus avant le récit de Flavius Josèphe. Je ne résiste pas à donner un autre exemple de ce type de conduite à l'époque contemporaine : les membres de l'École française d'Athènes se plaignirent de devoir abandonner leur premier logement en plein centre de la capitale, près du palais royal (aujourd'hui le Parlement sur l'actuelle place Syntagma) pour rejoindre la colline du Lycabette parce qu'ils ne pourraient plus voir passer le couple royal[19]. La proximité du roi et du palais est un élément valorisant même pour de jeunes intellectuels du XIXe s.

Les Lagides ont développé des mœurs vestimentaires pour s'adapter à la double société à laquelle ils étaient confrontés et à leur souci de remplir leur rôle de pharaon. Cette double « garde-robe » se manifeste dans la création des statues, tant des reines que des rois. On dispose pour en juger des statues retrouvées en Égypte[20] et d'un texte sur la parure de la prin-

19 L'anecdote est rapportée par Radet 1901, p. 162.

20 Sur le double langage de la production de statues en Égypte, *cf.* la synthèse récente de Queyrel 2020, p. 179-200 pour lequel le double langage des statues correspond à la double personnalité du souverain : roi hellénistique pour ses sujets grecs, installés en particulier à Alexandrie, et pharaon pour les Égyptiens.

cesse Bérénice morte lors de la réunion des prêtres rapportée par le décret de Canope (an 9 du règne de Ptolémée III Évergète, soit 238 av. J.-C.) :

> qu'on exécute aussi, à son image, une statue sacrée, dorée, ornée de pierreries ... que le diadème placé sur sa statue soit différent de celui qu'on place sur les statues de sa mère, la reine Bérénice et qu'il soit composé de deux épis au milieu desquels le diadème sera en forme d'uraeus et derrière se trouvera, de même taille, un sceptre en forme de papyrus, comme celui qu'ordinairement les déesses tiennent dans leurs mains, autour duquel aussi la queue du diadème se trouvera enroulée, de telle sorte aussi que par la disposition du diadème soit interprété le nom de Bérénice, selon les caractères de l'écriture sacrée[21]...

La statue de la défunte, avec un diadème typiquement égyptien, devait être en bois doré, ornée de pierreries, et elle était portée par un prêtre lors des processions. L'expression du nom en caractères hiéroglyphiques intégrés dans le diadème révèle le rôle et l'importance de cet ornement complétement lié au rituel royal. Cela ne justifierait-il pas notre tentative pour décrypter le sens du diadème de Vergina[22] ? En tout cas, les pièces composant la parure ont une signification symbolique et n'ont pas uniquement une valeur par le poids des métaux précieux mis en œuvre.

Mais il est aussi des vêtements « déviants » que réprouve la bonne société. Une anecdote est liée au passage par l'Égypte de l'ambassade romaine, en 140-139 av. J.-C., conduite par Scipion Émilien (Justin XXXVIII, 8) :

> Ce fut alors qu'il se présenta aux lieutenants de Rome, Scipion l'Africain[23], Sp. Mummius et L. Metellus, chargés de visiter les provinces alliées. Mais ce tyran (*Ptolémée VIII*), la terreur de son peuple, n'excita que la risée des Romains : ses traits étaient hideux ; sa taille courte et son énorme embonpoint le rendaient plus semblable à un monstre qu'à un homme. Ses vêtements, du tissu le plus fin, et d'une étoffe transparente, ajoutaient à sa laideur, comme s'il eût pris à tâche d'exposer à tous les yeux ce qu'un homme décent aurait eu soin de cacher[24].

21 Traduction et commentaire, Bernand 1970, p. 989-1037 (= OGIS 56) ; sur la petite Bérénice, l. 38-62 du texte grec. Sur l'importance du vêtement on peut citer Plut., *Antoine* LIV, 8 : on montre les enfants royaux habillés, pour l'un, en costume mède ou arménien, et, pour l'autre, portant le costume macédonien traditionnel (sandales, chlamyde et causia). Quant à Cléopâtre « elle était vêtue ce jour-là de la robe sacrée d'Isis ; elle la porta désormais toutes les fois qu'elle sortait en public et elle rendit ses audiences en tant que Nouvelle Isis... ».

22 Ci-dessus, p. 63-69.

23 Erreur, il s'agit de Scipion Émilien.

24 Bonne analyse de ce passage chez Heinen 1983, p. 116-130 qui montre qu'il faut prendre ce texte au sérieux (comme Diodore XXXIII 28a, 1-2 et Athénée XII 549d-e, issus de

Une source tardive nous informe qu'un Ptolémée, qui pourrait être Ptolémée XII Néos Dionysos surnommé par le peuple alexandrin Aulète, le père de Cléopâtre, entra en conflit avec un philosophe platonicien dénommé Démétrios (Lucien, *De la calomnie*, 16). Ce dernier, nous raconte Lucien, ne buvait que de l'eau et ne s'était pas habillé en femme aux Dionysies. Or, « invité dès le matin suivant, s'il n'avait pas bu en présence de tous, s'il n'avait revêtu une robe de Tarente et joué des cymbales en dansant, c'était un homme mort pour ne point goûter le genre de vie du roi (τῷ βίῳ τοῦ βασιλέως) », et pour s'affirmer « contre les mœurs dissolues de Ptolémée » (τῆς Πτολεμαίου τρυφῆς) comme « un sage et un rival » (ἀντισοφιστὴς ὤν καὶ ἀντίτεχνος). L'attitude du roi Ptolémée à l'égard du philosophe Démétrios est l'exacte reproduction de celle de Dionysos à l'égard de Penthée dans les *Bacchantes* d'Euripide. À partir du vers 821 de la pièce, Dionysos parvient à convaincre Penthée, qui souhaite approcher les Bacchantes sur le Cithéron, de se déguiser en femme, en endossant un « péplos de lin » (Euripide, *Bacch.*, 821), une « *stolè* féminine » (*ibid.*, 828), à quoi s'ajoutent une perruque (*ibid.*, 831) et la *mitra*, sorte de turban, pour la tête (*ibid.*, 833), et aussi le thyrse dans la main et la nébride (*ibid.*, 835). Dans l'esprit du Dionysos d'Euripide, le début de la punition qu'il compte infliger au roi impie est, avant de le faire mourir (*ibid.*, 847), de faire rire de lui en le promenant aux yeux des Thébains déguisé en femme (*ibid.*, 84), et le roi, une fois sorti de son palais dans cet accoutrement, avoue s'être livré à une agitation bacchique (*ibid.*, 931). Mais surtout, l'opposition entre Ptolémée et Démétrios se fonde, si l'on en croit les arguments du roi rapportés par Lucien, sur des thèmes analogues à ceux qu'avaient développés les protagonistes des *Bacchantes* d'Euripide. Penthée apparaît en effet face à Dionysos et aussi à Tirésias comme l'adversaire du ridicule (*ibid.*, 250) et du caractère malsain (*ibid.*, 262) des manifestations de la religion dionysiaque, le sentiment qu'il ressent devant ces dernières est la honte, et à plusieurs reprises, il oppose la sagesse grecque au délire des Barbares (*ibid.*, 483, 778-779). Inversement, les Bacchantes lydiennes célèbrent en Dionysos le dieu de la vie heureuse : « Le dieu, fils de Zeus, fait ses délices des festins. Il aime la dispensatrice d'opulence, la Paix, déesse nourricière, qui fait prospérer la jeunesse. Au riche comme au pauvre,

---

la même source et se rapportant à la même évocation négative du roi) et en tire de justes conséquences sur les rapports entre *tryphé* et dionysisme chez les Ptolémées.

il offre également le vin qui charme et qui soulage. Il hait celui dont le désir n'est point, dans la clarté du jour, dans la douceur des nuits, de goûter le bonheur et de vivre (*ibid.*, 426), de tenir, en sage, son cœur et son esprit bien loin des mortels trop subtils. Cette foi que la foule ignorante a reçue et mise en pratique, je la veux accepter pour ma part » (*ibid.*, 416-431). Sans doute, le roi Ptolémée, en parlant de *bios* et de *tryphè*, modernisait-il les formulations d'Euripide sous l'influence des philosophies hellénistiques, mais le sens est sans doute le même, et en tout cas il a dû volontairement adopter la posture du Dionysos de la pièce en face d'un Démétrios qu'il assimile au Penthée du poète. Et comme Dionysos est devenu à Alexandrie un dieu dynastique, le philosophe platonicien est prévenu que son opposition idéologique débouche sur ce qui sera interprété comme une insupportable opposition politique.

Les mœurs comme les vêtements sont des outils du marquage social[25] : le dionysisme, que nous avons déjà évoqué à propos d'Antiochos IV, sert à la distinction, et il n'est pas sûr que l'opinion ait unanimement condamné ce type de renversement carnavalesque qui caractérisait la conduite de certains rois.

LE ROI À LA GUERRE

Le vêtement est là pour désigner le roi en temps de paix comme en temps de guerre : en l'occurrence, l'habit fait le moine. Au combat, le roi doit porter une panoplie bien visible pour être reconnu par ses troupes et leur donner confiance ; il se reconnaissait au luxe de ses armes : la panoplie d'Alexandre à Gaugamelès illustre cette remarque[26] :

> Son casque était de fer, mais il brillait comme de l'argent pur ; c'était un ouvrage de Théophilos. Alexandre y avait ajouté un gorgerin, également en fer, rehaussé de pierres précieuses. Il possédait également une épée d'une trempe et d'une légèreté admirables, qui lui avait été donnée par le roi de Kition (l'épée était l'arme de prédilection d'Alexandre pendant les combats). Il arborait aussi un manteau d'un travail plus magnifique que le reste de

25 Le passage de Lucien et son commentaire sont dus à Sauron 2007, p. 247-262.

26 Plutarque, *Alexandre*, XXXII 9-12, traduction A.-M. Ozanam, Gallimard, Paris (2001).

> son armure : c'était l'œuvre d'Hélicon l'Ancien et un hommage de la cité de Rhodes qui lui en avait fait présent ; il le portait pendant les batailles. Tant qu'il rangeait sa phalange, exhortait ses hommes, leur donnait ses instructions ou les passait en revue, il ne montait pas Bucéphale, qu'il voulait ménager, car l'animal était déjà âgé. Mais lorsqu'il passa à l'action, il l'enfourcha et, dès qu'il eut changé de cheval, il se lança à l'attaque.

Là encore Alexandre imitait son modèle, Achille, le héros par excellence aux belles armes[27]. Le commentaire archéologique de ce passage est fourni par les trouvailles faites dans la tombe de Philippe II : casques, cuirasse rehaussée d'or, jambières, bouclier d'ivoire, épée, pointe de javelots et de flèches, carquois d'or ne sont pas seulement des armes de parade qui ne serviraient que dans des cérémonies de temps de paix (on se demande d'ailleurs à quelles occasions on aurait pu les utiliser), mais elles étaient sûrement portées par le roi sur le champ de bataille pour le distinguer[28]. Les diadoques reprirent les mêmes symboles et les mêmes attitudes.

Ainsi Pyrrhus se distinguait par son panache et ses cornes de bouc et « attirait les regards par la beauté et l'éclat de ses armes richement parées » (PLUTARQUE, *Pyrrhos*, XI, 11 et XVI, 11). L'imitation d'Alexandre allait au-delà de ces symboles matériels : les diadoques, nous dit Plutarque, avaient adopté jusqu'au port de la tête du grand conquérant ! (PLUTARQUE, *Pyrrhos*, VIII, 2) : « Les autres rois imitaient Alexandre en portant de la pourpre, en s'entourant de gardes, en inclinant le cou comme lui et en parlant avec arrogance ; seul Pyrrhos le représentait par ses armes et ses actions[29] ».

---

27 Cohen 1995, p. 483-505.

28 La référence reste toujours Andronicos 1984. J'ai résumé de façon synthétique le contenu des tombes et commenté leur signification, *cf.* ci-dessus, p. 53-61.

29 Sur les portraits d'Alexandre et ses traits physiognomiques, *cf.* Rolley 1999, p. 348-362.

CONCLUSION

Tant s'en faut que tous les rois aient été mauvais et qu'ils aient tous sombré dans les excès que nous avons décrits. Polybe nous a laissé quelques portraits assez nuancés de rois, bons rois comme mauvais rois. Nous devons prêter attention à toutes les sources, et ne pas récuser celles qui nous paraissent défavorables en les attribuant à une quelconque cabale contre le roi, menée par ses opposants malveillants. Donnons quelques exemples pour remettre ce qui précède dans un contexte plus large.

Parmi les « bons rois » Polybe compte Attale Ier dont il est dit que, pour atteindre la royauté, il n'avait usé que de ses immenses richesses, qu'il géra avec intelligence et hardiesse dans l'unique but d'atteindre à la royauté, « le bien le plus grand et le plus glorieux qui se puisse trouver ». Si on est un peu étonné que l'historien ait placé la fortune comme source primordiale de la réussite, et étonné aussi de cet éloge de la royauté, vient ensuite, au titre des qualités royales, la générosité sous la forme des largesses envers les amis, – il s'agit de se constituer une « cour » – et il a aussi manifesté des qualités guerrières, une allusion sans doute à la retentissante victoire sur les Galates, après 241 av. J.-C. Sont signalées ensuite ses vertus domestiques : « il mena avec sa femme et ses enfants une existence d'une retenue et d'une dignité extrêmes ». Enfin, comme il laissait quatre fils adultes, il régla facilement sa succession jusqu'à ses petits-enfants, *id est* Attale III.

Attale III n'avait pas les vertus de son grand-père. Le portrait que nous en livre Justin est des plus sombres et ses méfaits le rangent parmi les rois meurtriers, à côté de Ptolémée VIII et de Persée[1]. : « en Asie, le roi Attale souillait le trône si florissant qu'il avait reçu de son oncle paternel Eumène, par le meurtre de ses amis et le supplice de ses parents ; il s'imaginait faussement qu'ils avaient par leurs maléfices, fait périr sa vieille mère et son épouse Bérénice. Après cette rage de violence

1 Justin, *Histoires philippiques*, XXXVI 4, 1-5 ;

criminelle, il revêt un habit sale, il laisse pousser sa barbe et ses cheveux à la mode des accusés… ». Les raffinements de sa cruauté ne connaissaient pas de limite : « abandonnant l'administration du royaume[2] il bêchait ses jardins, semait des plantes, mêlait les nuisibles aux inoffensives et les envoyait toutes infectées de poison à ses courtisans, comme un présent particulier ». L'usage du poison, sans être courant, était une façon de régler les différends ou, plus rarement, un moyen de se suicider[3]. Toutes les monarchies ont connu un paroxisme de la « violence », et on n'a que l'embarras du choix pour trouver à qui décerner une palme dans l'horreur : qui la mériterait ? Cassandre faisant exécuter Rhoxane et le fils d'Alexandre, Ptolémée VIII faisant disparaître son propre fils, Ptolémée VII ou Persée après Pydna exécutant de ses propres mains des hauts personnages de Pella[4] ? La liste serait longue des crimes de cour.

À quoi est due cette débauche de crimes ? On peut douter qu'il s'agisse uniquement de pulsions personnelles de la part de soudards habitués à se battre ou de pratiques courantes dans le milieu confiné de la cour. Je suis séduit par les explications fournies par A. Erskine et ses collègues, selon lesquels il faut mettre au centre du système aulique une instabilité fondamentale concernant les problèmes de successions. Pour ces auteurs, il ne faut ni croire à la monogamie, ni supposer une loi de succession, en fait inexistante et qui n'est formulée que pour complaire à notre mentalité cartésienne. En fait, les troubles successoraux sont engendrés par les rivalités entre les différentes branches, égales devant la succession si elle n'a pas été réglée en amont. C'est au cœur du système royal qu'il faut chercher les causes des débordements.

---

2 Sur le rôle des jardins dans l'idéologie royale, on peut se reporter à la description de la Syracusaine de Hiéron II, *cf.* ci-dessus, p. 20-22 ; Hiéron II utilisait aussi des jardins près de la cité de Syracuse pour ses audiences, Athénée, XII, 542a.

3 Winder 2017, p. 373-407.

4 Sur l'élimination de la descendance d'Alexandre, Diodore XIX 105, 2-3, Justin XV 2, 1-2, Pausanias IX 7, 2. Le résumé des meurtres de Ptolémé VIII par Justin XXXVIII, 8 est saisissant : Ptolémée fait assassiner son propre fils : « il égorgea cet enfant entre les bras d'une mère qu'il épousa et entra dans le lit de sa sœur, encore dégoûtant du meurtre de son fils…Il répudie sa sœur, dont il viole et épouse la fille… » (ces événements se situent en 140/139). Quant à Persée, il est bien dit qu'il poignarde deux Macédoniens de haut rang, commandants de la garnison de Pella, « Euctos et Eulaios, qui étaient préposés à la monnaie, vinrent à sa rencontre ; comme ils lui reprochaient ce qui s'était passé et lui donnaient des conseils de façon intempestive, il s'emporta et les tua tous deux à coup de poignard… » ; le roi après Pydna (168) se réfugie à Pella (*cf.* Plutarque, *Paul-Emile*, XXIII 6).

Pas de rois sans palais. Les palais n'ont pas encore livré tous leurs secrets, mais un certain nombre de résultats sont acquis. Du point de vue de l'histoire de l'architecture, le palais macédonien apporte trois nouveautés : une architecture de façade, alors que la maison traditionnelle grecque en est dépourvue, une utilisation de la cour péristyle qui, étant donné ses dimensions, n'est pas seulement un puits de lumière, ou une zone de passage, mais aussi un espace, sinon indépendant, du moins ayant une fonction par lui-même ; enfin, la création de « complexes » palatiaux où les bâtiments publics (théâtres, palestres) viennent s'organiser autour de la résidence royale. Au-delà, le palais participe à la symbolique du pouvoir, et sert à mettre en scène celui qui n'est plus tout à fait un mortel comme les autres. Le palais est un véritable théâtre, qui forme un cadre nécessaire aux activités auliques. C'est de ces expériences hellénistiques que César et Auguste tireront profit[5].

L'architecture n'est pas seulement une affaire de techniciens de la construction. Elle s'insère dans un cadre ou discours idéologique qui rend compte de la forme des constructions et de leurs décors. On avait le choix entre une lecture "orientalisante" et un langage local. Nous croyons que le second l'emporte et qu'il ne faut pas surestimer l'apport de l'Orient.

L'architecture n'est pas seule à jouer un rôle dans la définition du "palatial" grec. Toutes les créations matérielles ont été mises à contribution : peinture, sculpture, mosaïques et objets précieux contribuent à la rupture entre l'ancien et le nouveau monde des images et de la *tryphé.* C'est très volontairement, et non pas au gré des circonstances, que s'est constitué un langage de cour, qui a sa cohérence. Les poèmes homériques ont servi de « grand livre » à une monarchie en formation pour se penser, pour définir des conduites et choisir des images au service d'une idéologie. N'en soyons pas surpris puisque Louis XIV et Napoléon Ier se servirent aussi des ressorts de la mythologie pour « communiquer » sur leur pouvoir. En tout cas les rois grecs n'avaient pas à chercher dans le lointain Orient des modes de conduite qui leur étaient fournis dans leur culture par le 'grand livre' homérique, en bien et en mal.

5 Gros 2001-2, p. 233-240 ; sur le rôle de César, *cf.* en dernier lieu, Étienne 1997, p. 193-216, « Le conquérant du ciel ».

BIBLIOGRAPHIE

Agusta-Boularot Sandrine, 2006, « Malalas épigraphiste ? Nature et fonction des citations épigraphiques dans la *Chronique* », dans Agusta-Boularot Sandrine *et al.*, *Recherches sur la chroniques de Jean Malalas*, II, p. 97-135.

Babelon Ernest, 1890, *Catalogue des monnaies grecques de la Bibliothèque nationale*, vol. 1 : *Le rois de Syrie, d'Arménie et de Commagène*, Paris.

Andronicos Manolis, 1984, *The Royal Tombs ant the Ancient City*, Ekdotike Athenon.

Bernand André, 1970, *Le Delta égyptien d'après les textes grecs, 1/3, Les confins libyques*, Le Caire, Institut français d'archéologie orientale du Caire.

Burkhalter Fabienne 1998, « La production d'objets en métal (or, argent, bronze) en Égypte hellénistique et romaine à travers les sources papyrologiques », dans Empereur Jean-Yves (dir.), *Commerce et artisanat dans l'Alexandrie hellénistique*, *BCH Suppl.* 33, p. 125-133.

Chandezon Christophe, 2010, « Bucéphale et Alexandre. Histoire, imaginaire et images de rois et de chevaux », dans Gardeisen Armelle, Furet Emmanuelle, Boulbes Nicolas (dir.), *Histoire d'équidés, des textes, des images et des os*, Lattes, p. 177-196.

Chaniotis Angelos, 1997, « Theatricality beyond the theater : staging public life in the Hellenistic world », *Pallas* 47, p. 219-259.

Cohen Ada, 1995, « Alexander and Achilles – Macedonians and "Mycenians" ». dans Carter Jane B. et Morris Sarah P. (eds.), *The Ages of Homer : a tribute to Emily Townsend Vermeule*, Austin, p. 483-505.

Drew-Bear Marie, 2003, « Les premiers rois gréco-macédoniens à la rencontre des Égyptiens », dans Le Dinahet Marie-Thérèse (dir.), *L'Orient méditerranéen de la mort d'Alexandre au Ier s. av. notre ère*, p. 319-329.

Δρουγου Σ., 1987, « Το ὑφασμά της Βεργίνας », *ΑΜΗΤΟΣ, Τιμητικός τόμος για τον καθηγητή Μ. Ανδρόνικο*, I, p. 303-315 (Drougou Stella).

Étienne Robert, 1997, *Jules César*, Paris, Fayard.

Étienne Roland, 2002, « La Macédoine entre l'Orient et l'Occident », dans Müller Christel et Prost Francis, (eds.), *Identités et cultures dans le monde méditerranéen antique, études en l'honneur de Francis Croissant*, Paris, p. 253-275.

Gros Pierre, 2001, *L'Architecture romaine 2. Maisons, palais, villas et tombeaux*, Paris, Picard.

Hatzopoulos Miltiade B., 2008, « The Burial of the Dead (at Vergina) or the Unending Controversy on the Identity of the Occupants of Tomb II », *Tekméria* 9, p. 91-118.

von Hesberg Henner, 1998, « Riti e produzione artistica delle corti ellenistiche » dans Settis Salvatore (dir.), *I Greci, Storia cultura, arte, società, 2 Una storia greca, III Trasformazioni*, p. 189-195.

von Hesberg Henner, 1999, « The King on stage » dans Bergmann Bettina, Kontoleon Christine, *The art of ancient spectacle*, p. 67-68.

Iossif Panagiotis P., 2012, « Les "cornes" des Séleucides : vers une divinisation "discrète" », dans Suspène Arnaud, Duyrat Frédérique (dir.), *Le Charaktèr du prince. Expressions monétaires du pouvoir en temps de troubles, Cahiers d'études anciennes*, 49, Laval, p. 43-147.

Malama, Pénélope et Gardeisen Armelle, 2005, « Inhumations d'équidés dans la nécropole orientale d'Amphipolis, Grèce », dans *Les équidés dans le monde méditerranéen antique*, Lattes, p. 161-181.

Müller Christel et Prost Francis (dir.), 2002, *Identités et cultures dans le monde méditerranéen antique*, 2002, p. 253-275.

Queyrel François, 2020, *La Sculpture hellénistique*, T. II *Royaume et cités*, Paris, Hermann.

Radet Georges, 1901, *L'Histoire et l'œuvre de l'École française d'Athènes*, Paris.

Rolley Claude, 1999, *La Sculpture grecque* II, Paris, Picard, p. 348-362.

Σαατσόγλου-Παλιαδέλη, Χρ., 2004, Βεργίνα : Ο τάφος του Φιλίππου : η τοιχογραφία με το κυνήγι, Athènes (Saatsoglou-Paliadeli Chryssoula).

Saliou Catherine, 2006, « Statues d'Antioche de Syrie », dans S. Agusta-Boularot *et al.*, *Recherches sur la chroniques de Jean Malalas*, II, p. 69-95.

Sauron Gilles, 2007, « L'actualité des *Bacchantes* d'Euripide dans les conflits idéologiques de la fin de l'époque hellénistique », *Images et modernité hellénistiques. Appropriation et représentation du monde d'Alexandre à César (Coll. École française de Rome, 390)*, Actes du colloque international organisé par l'École française de Rome, l'École française d'Athènes et l'Istituto italiano per gli studi filosofici (Rome, 13-15 mai 2004), Massa Pairault Françoise-Hélène et Sauron Gilles (dir.), Rome, 2007, p. 247-262.

Houghton Arthur et C. Lorber Catharine, 2002, *Seleucid Coins, A Comprehensive Catalogue*, I, New York.

Winder Stephanie J., 2017, « "The Hands of Gods" : Poison in the Hellenistic Court », dans Erskine Andrew, Llewellyn-Jones Lloyd et Wallace Shane (eds.), *The hellenistic court, Monarchic power and Elite Society from Alexander to Cleopatra*, Swansea, p. 373-407.

INDEX GÉOGRAPHIQUE

INDEX DES NOMS

TEXTES ET INSCRIPTIONS

TABLE DES FIGURES

TABLE DES MATIÈRES

IMPRIM'VERT®

Achevé d'imprimer par Corlet,
Condé-en-Normandie (Calvados), en décembre 2021
N° d'impression : 174156 - dépôt légal : décembre 2021
Imprimé en France